à Victor et Benjamin

**Remerciements**
Merci à Christophe Besse pour ses clins d'œil,
et à Laurence Bar pour son coup de patte !

www.editionsmilan.com

Loi 49.956 du 16.07.1949
ISBN : 2.7459.1004.3

Dépôt légal : 3e trimestre 2004
Imprimé en Espagne

# LES RECORDS DES ANIMAUX

**Stéphanie Ledu et Stéphane Frattini**

Illustrations de Laurence Bar, Christophe Besse et Anne Eydoux



MILAN jeunesse

# SOMMAIRE

# Bravo, les animaux !

**Les « records » des animaux ? C'est bien une idée humaine… Comme si cela les impressionnait, eux, de peser 6 tonnes ou 2 grammes, d'être les plus grands ou les plus rapides, de posséder les plus longues cornes ou le poison le plus violent !**

Dans la nature, tous ces exploits répondent à des nécessités bien précises : être le mieux adapté à son milieu, se défendre, se nourrir, se reproduire… Si le guépard court à 110 km/h, c'est pour attraper les gazelles ; si le colibri porte-épée possède un si long bec, c'est pour butiner certaines fleurs très profondes…

Depuis des centaines de millions d'années, la sélection naturelle se charge de fixer et de transmettre aux générations suivantes les progrès accomplis. Un système si efficace qu'un million et demi d'espèces animales ont colonisé tous les milieux de notre planète, depuis les fosses abyssales jusqu'au toit du monde, en passant par les déserts et les grottes.

Dès l'Antiquité, l'homme a commencé à observer, comparer et classifier le monde vivant. Qui dit classement, dit forcément « records », que ce soit par une caractéristique physique ou un comportement original. Ce gros livre présente plus de 500 animaux extraordinaires, énormes ou au contraire minuscules… Comme les milliers d'acariens qui galopent en ce moment même sur ta peau !

*Le panda géant vit en Chine, dans les forêts de bambous. Sa population totale est estimée à moins de 1 000 individus. Symbole des animaux menacés, il est hélas loin d'être un cas isolé. Pour l'homme, le record à battre, c'est de sauver maintenant le maximum d'espèces…*

# 1. CHAMPIONS DU

LES PLUS GRANDS, LES PLUS LOURDS, LES PLUS RAPIDES... POUR CHAQUE BRANCHE DU RÈGNE ANIMAL ET DANS CHAQUE MILIEU, CERTAINES ESPÈCES SE DISTINGUENT DE TOUTES LES AUTRES. CE SONT EN GÉNÉRAL LES ANIMAUX LES PLUS CONNUS, MÊME SI NOUS AVONS RAREMENT L'OCCASION DE LES VOIR EN LIBERTÉ...

PLUS FORTS QUE L'HOMME

- La **fourmi** soulève **50 fois** son poids (soit 3,5 tonnes pour un homme).
- La **puce** saute **220 fois** sa taille (soit 390 m pour un homme).
- Le **guépard** court à **110 km/h** (contre 36 km/h pour un champion).
- Le **calmar** nage à **110 km/h** (contre 7,47 km/h pour un champion).
- Le **cachalot** plonge près de **2 heures** en apnée (4 min chez un homme).

# MONDE !

*En ce moment même, nage dans l'océan le plus gros animal ayant jamais existé sur la Terre : la baleine bleue. Avec ses 190 tonnes, elle est presque deux fois plus lourde que Seismosaurus, le plus gros dinosaure connu, qui pesait « seulement » 100 tonnes…*

GRANDS ET COSTAUDS

12

1 • CHAMPIONS DU MONDE !

# GRANDS ET COSTAUDS

**Impressionnants, effrayants, ce ne sont pourtant pas les plus redoutables. Les géants sont souvent des créatures paisibles. À condition qu'on ne les provoque pas !**

## LES MAMMIFÈRES : MAÎTRES DE LA TERRE

Leurs minuscules ancêtres trottinaient aux pieds des dinosaures. Une fois ces géants disparus, il y a 65 millions d'années, les mammifères commencèrent à grandir…

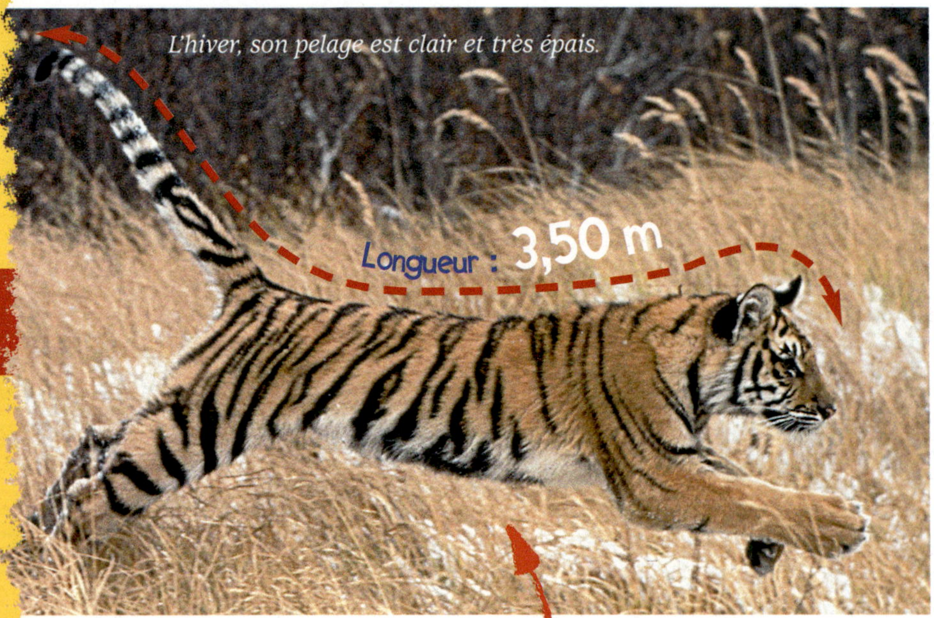


*L'hiver, son pelage est clair et très épais.*

### Le tigre de Sibérie

Poids : **380 kg**

Sibérie

Dans la toundra, la végétation est maigre, et la température descend l'hiver à – 40 °C. **Le plus grand félin** vivant en a fait son royaume. Son territoire est immense : près de 800 km² pour un mâle. Il peut parcourir, en une nuit, jusqu'à 50 km à la poursuite d'un cerf.

### La girafe

Afrique, au sud du Sahara

**Le plus haut mammifère** broute au sommet des arbres. Chaque jour, cette géante de 2 t consacre 12 heures à se nourrir. Du haut de ses 4,80 m en moyenne, c'est la sentinelle de la savane. Elle repère un prédateur à 2 km, et s'enfuit à 55 km/h.

*Cou et langue tendus, elle gagne encore 1 m !*

#### LES GÉANTS DES ÎLES

Dans les îles, les animaux sont souvent plus grands, parce qu'ils vivent dans un écosystème réduit et stable et qu'ils ont moins de prédateurs à craindre. Même **les souris domestiques** qui vivent sur les îles de Bretagne font en moyenne **8 mm de plus** que celles qui sont sur le continent.

*Pour intimider l'ennemi, il tambourine sur sa poitrine.*

## Le gorille des montagnes

**Afrique tropicale**

Il vit dans la forêt, entre 1 500 et 3 500 m d'altitude. Menée par un grand mâle au dos argenté, chaque famille, composée d'une dizaine de singes, passe son temps à rechercher sa nourriture au sol. Entravé par son poids, **le géant des primates** grimpe rarement aux arbres...

## L'ours polaire

**Arctique**

C'est **le plus grand carnivore terrestre**. Nomade, il chasse toute l'année en errant sur la banquise. Des colliers émetteurs ont permis de savoir qu'il parcourt près de 4 000 km par an. Excellent nageur, il passe aussi un tiers de sa vie dans l'eau.

*Ses pattes sont larges, pour nager dans l'eau et prendre appui sur la glace.*

Poids : 500 kg

Hauteur (dressé) : 3 m



## L'éléphant d'Afrique

**Afrique équatoriale**

Un mâle adulte pèse autant que 100 hommes ! Plus grand que l'éléphant d'Asie, **le géant des animaux terrestres** ne connaît aucun prédateur naturel. Malgré sa masse, l'éléphant est discret : il avance silencieusement, et son corps recouvert de poussière imite la couleur du sol.

*Ses oreilles sont plus larges que celles de l'éléphant d'Asie.*

### POURQUOI SI GROS ?

Être plus grand que les autres offre plusieurs avantages :

- **Faire peur** : plus on est impressionnant, moins on risque d'être attaqué par des prédateurs.
- **Avoir chaud** : plus on possède un corps volumineux, moins on dépense d'énergie pour conserver sa chaleur.
- **Vivre vieux** : plus on est gros, plus on vit vieux. Les géants dinosaures vivaient sûrement plus d'un siècle.

# LES OISEAUX : DÉCOLLER OU PAS ?

**Même pour un oiseau, voler n'est pas toujours si facile... D'ailleurs, quelques-unes des 9 200 espèces ont perdu ce talent au cours de l'évolution.**

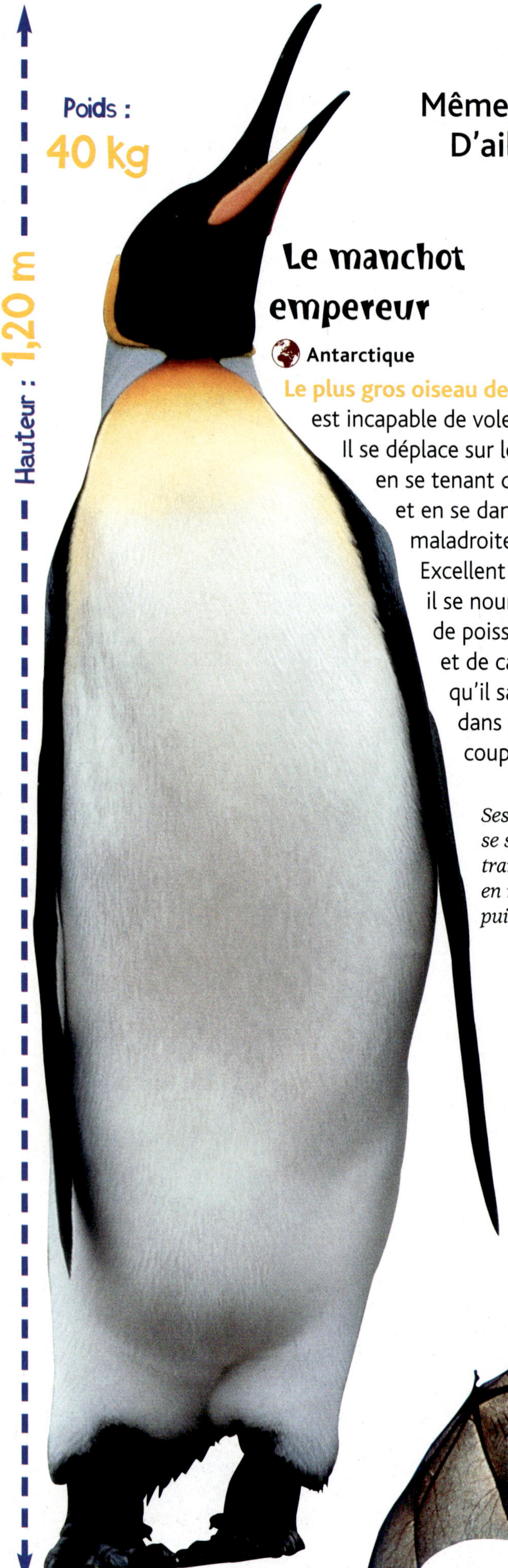


## Le manchot empereur

**Antarctique**

**Le plus gros oiseau de mer** est incapable de voler ! Il se déplace sur le sol en se tenant debout et en se dandinant maladroitement. Excellent nageur, il se nourrit de poissons et de calmars qu'il saisit dans son bec coupant.

*Ses ailes se sont transformées en nageoires puissantes.*

*La femelle est grise, le mâle est noir et blanc.*

## L'autruche

**Savanes d'Afrique**

**Le plus grand oiseau** du monde ne vole pas : ses ailes sont trop petites. Alors, l'autruche reste toujours sur le qui-vive, tournant son long cou en tous sens, surveillant les alentours de sa vue perçante. Malgré la légende, elle n'enfouit jamais sa tête dans le sable !

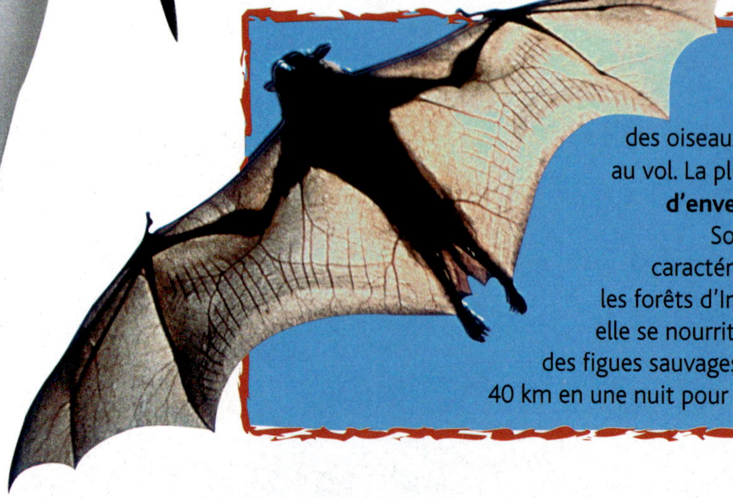

### LE RENARD VOLANT

Les **chauves-souris** ne sont pas des oiseaux, mais des mammifères adaptés au vol. La plus grande peut atteindre **1,70 m d'envergure, pour un poids de 1,2 kg.** Son surnom vient du long museau, caractéristique de sa famille. Vivant dans les forêts d'Indonésie et du Sud-Est asiatique, elle se nourrit exclusivement de fruits, surtout des figues sauvages, mais peut facilement parcourir 40 km en une nuit pour aller « visiter » un verger cultivé.

*Ses ailes ne sont pas très puissantes, mais leur forme est particulièrement efficace.*

## L'albatros hurleur

**Mers du Sud**

De tous les oiseaux, il possède **la plus grande envergure**. Maladroit à terre, il passe 92 % de sa vie à planer au-dessus de l'océan. Porté par les vents du large, il peut parcourir 500 km par jour en exécutant seulement quelques battements d'ailes.

*On le reconnaît à sa collerette blanche.*

## Le condor des Andes

**Amérique du Sud**

**Le plus grand oiseau de proie** plane en cercle toute la journée jusqu'à 6 000 m d'altitude, cherchant de sa vue perçante les charognes dont il se nourrit. Il utilise au maximum les courants ascendants car, après une trentaine de battements d'ailes, il est déjà épuisé !

## L'outarde Kori

**Afrique du Nord-Est**

Cet échassier parcourt la savane en groupe à la recherche de graines, d'insectes et de petits reptiles. Le mâle est **le plus gros oiseau volant**. Mais l'outarde ne s'envole qu'à la dernière extrémité, préférant fuir en courant sur ses longues pattes.

*Son plumage brun clair est un excellent camouflage.*

### DÉFIER LA PESANTEUR

Le **cygne** est l'oiseau **le plus lourd d'Europe** : un mâle peut atteindre 20 kg. On ne le rencontre que sur les grandes étendues d'eau, car il a besoin d'espace pour prendre son envol !

• La seule force des ailes ne lui suffit pas pour décoller. Il doit courir sur l'eau pour prendre de l'élan, en se plaçant toujours face au vent.

• Quand la vitesse est suffisante, et qu'il abaisse ses ailes élargies au maximum, leur poussée crée une force qui fait enfin s'élever son corps.

# LES REPTILES : GRANDIR SANS FIN

**Tout au long de leur existence, les reptiles continuent à se développer par à-coups, en fonction de la nourriture et de la chaleur disponibles.**

*Sa circoférence atteint 60 cm (une assiette à dessert).*

Poids : **150 kg**

Longueur : **10 m**

## Le python réticulé

**Asie du Sud-Est**

**Le plus grand des serpents** fait partie des espèces « primitives », non venimeuses. Pour tuer, il se laisse tomber d'un arbre ou glisse silencieusement vers sa proie, avant de fondre sur elle pour l'étouffer et lui broyer les os…

## Le crocodile indo-pacifique

**Inde, Philippines, Australie**

**Le plus grand crocodile** vit en eau douce ou en mer. Il s'éloigne jusqu'à 900 km des côtes. Très redouté, il n'hésite pas à s'attaquer à l'homme. Dans la nuit du 19 février 1945, plus de 900 soldats japonais furent dévorés dans les marécages de Ramree, en Birmanie.

Poids : **1000 kg**

Longueur : **8 m**

*Sa tête est large, avec des mâchoires puissantes.*

### COMMENT MESURER UN SERPENT ?

Il n'est pas facile de calculer précisément la taille d'un serpent. Quand il est vivant, son corps n'est jamais totalement allongé. Une fois mort, il peut être largement étiré. Et quand il est naturalisé… il rétrécit. Voilà pourquoi les chiffres sont tellement discutés entre spécialistes !

## La tortue éléphantine

Océan Indien

**La plus grande tortue terrestre** habite sur l'atoll d'Aldabra. C'est la dernière espèce survivante des tortues géantes des îles de l'océan Indien. Active le matin, elle passe les heures chaudes dans des trous d'eau.

*À la naissance, la géante comme la plus jeune ne mesuraient que 6 cm !*

*Il atteint 1,10 m de circonférence (le volant d'une voiture).*



## L'anaconda

Amazonie

Dans les années 1970, le zoo de New York a offert une prime de 5 000 dollars à qui lui apporterait un spécimen de plus de 9 m, mais on attend toujours ! Une chose est sûre : l'anaconda est bien **le serpent le plus lourd**. Il vit toujours près d'un fleuve ou d'un marécage.

### LE REPAS DE L'ANNÉE

Plus un serpent est gros, moins il a besoin de manger souvent. **Le python royal peut jeûner facilement pendant plus de 6 mois, et l'anaconda pendant 1 an !** Lorsqu'ils avalent une grosse proie, les sucs digestifs puissants se mettent au travail. Quelques semaines plus tard, le serpent régurgitera à peine quelques déchets : fragments de calcaire provenant du squelette, boules de poils ou de plumes...

## Le dragon de Komodo

Indonésie

Ce membre de la famille des varans est **le plus grand lézard** du monde. Féroce carnivore, il perçoit un mouvement à 300 m et capte une odeur à 4 km. Le cerf est sa proie favorite. Il chasse plutôt à l'affût, mais peut courir à 20 km/h sur de courtes distances.

*Ses griffes acérées mesurent 5 cm.*

# GÉANTES, LES « PETITES BÊTES » !

**On connaît plus de 70 000 arachnides et 1 million d'espèces d'insectes. Chaque jour, surtout dans la forêt tropicale, les scientifiques en découvrent de nouveaux...**

*En cas de danger, il peut voler sur quelques mètres.*

## Le scarabée Goliath

**Afrique tropicale**

C'est **l'insecte le plus lourd** au monde. Mais il est totalement inoffensif : il ne peut ni mordre, ni piquer, ni blesser l'adversaire. Alors, il passe ses journées caché dans de vieilles souches et ne sort que la nuit. Son menu préféré ? Les plantes en décomposition et les excréments.

**Les animaux sont ici représentés à la moitié de leur taille réelle !**

## Le scorpion empereur

**Afrique de l'Ouest**

C'est **le plus grand scorpion** parmi les 1 400 espèces connues. Il a une préférence pour les lieux humides et se cache souvent dans un trou d'arbre ou un profond terrier, qu'il creuse avec ses fortes pinces. C'est aussi l'une des 3 espèces de scorpions protégées par la convention de Washington.

*Comme la mygale, il fait partie du groupe des arachnides.*

*Il est épais comme ton doigt !*

## Le phasme géant

**Indonésie**

On dirait une tige ! **L'insecte le plus long** passe la journée immobile parmi les végétaux. Menacé, il bouge avec le vent ou se laisse tomber en faisant le mort. Suivant son milieu de vie, le phasme peut prendre la couleur d'une brindille, d'une branche sèche ou d'une écorce.

## Le papillon Atlas

**Asie du Sud-Est**

C'est **le plus grand papillon du monde**. Nocturne, il est dépourvu de trompe, car il ne vit environ qu'une semaine, pendant laquelle il ne se nourrit pas. Sa seule occupation sera la recherche d'un partenaire pour se reproduire... La femelle est de teinte beaucoup plus claire que le mâle.

## La blatte géante

**Nord de l'Amérique du Sud**

C'est **la plus grande des blattes ailées**. Elle vit dans la forêt tropicale humide, où on la rencontre en colonies sous le couvert des arbres, et dans les grottes. En cas de danger, elle déploie brusquement ses ailes, mais ne vole ni très haut, ni très loin.

*Elle ressemble aux blattes des forêts du carbonifère, il y a 200 millions d'années.*

*Elle mord avec ses crochets mesurant 2,5 cm de long.*

## La mygale de Guyane

**Amérique du Sud**

Les araignées ne sont pas des insectes, mais des arachnides. **La plus grande araignée**, la mygale de Guyane, possède de longs poils pour mieux détecter les vibrations du sol ou de l'air. Elle vit dans un terrier tapissé de soie, dont elle sort la nuit pour chasser souris, oiseaux, batraciens...

# LES ANIMAUX MARINS : EN APESANTEUR

**Dans la « planète liquide », le poids n'a plus aucune importance. Soutenus par l'eau, poissons et mammifères marins se sont développés jusqu'à atteindre des tailles prodigieuses…**

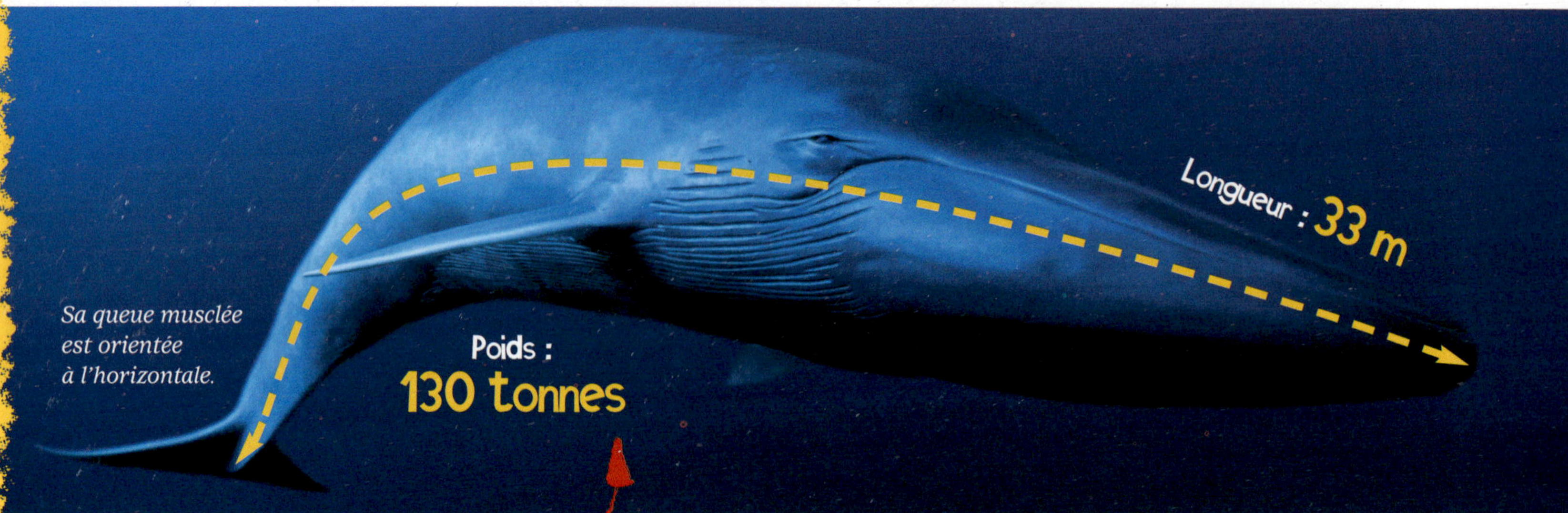


*Sa queue musclée est orientée à l'horizontale.*

## La baleine bleue

**Tous les océans, surtout les mers froides**

Appelée aussi « rorqual », elle est **l'animal le plus lourd** au monde. Sa langue pèse 3 t, autant qu'un petit éléphant, et son cœur 700 kg. En filtrant l'eau entre ses fanons, elle avale chaque jour jusqu'à 3 t de krill (des petites crevettes).

*Ses écailles sont grandes comme une main d'enfant.*

## L'arapaima

**Amazonie**

Appelé aussi « pirarucu », c'est **le plus grand poisson d'eau douce**. Comme tous les ostéoglossidés, poissons descendant d'une famille archaïque, il a besoin de venir respirer à la surface toutes les 10 à 15 minutes. Formidable prédateur, il peut aspirer un poisson-chat nageant à 50 cm devant lui. En Amazonie, sa chair est très appréciée, et l'espèce est menacée.

*Sa circonférence atteint 7 m.*

## Le requin-baleine

**Mers chaudes**

C'est **le plus grand des poissons**. Ce géant solitaire des mers tropicales s'aventure parfois dans les eaux tempérées. Il se nourrit surtout de plancton, mais aussi de sardines et d'anchois. Inoffensif pour l'homme, il laisse même les plongeurs venir l'observer et le toucher !

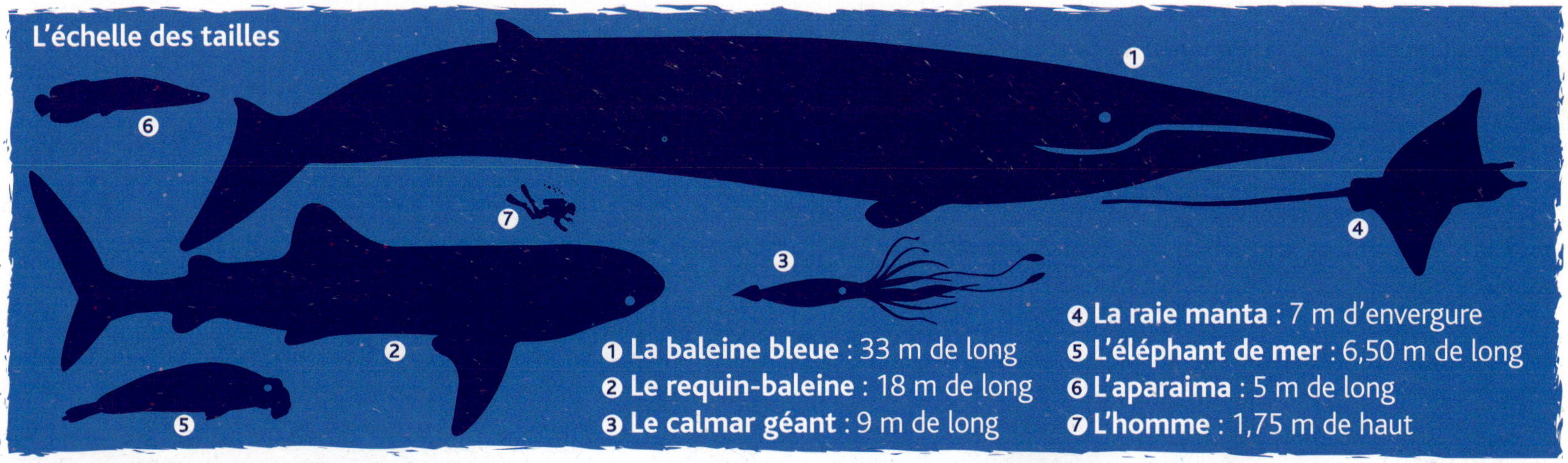


## L'éléphant de mer

**Mers froides, îles australes**

**Le plus grand phoque** est plus à l'aise dans l'eau que sur terre. Un mâle moyen mesure 5 m et pèse 3 t. Il règne sur une colonie de 15 à 25 femelles, plus petites : 3 m pour 600 kg. Carnivore, il se nourrit de poissons, de mollusques, et même de petits requins.

*Les mugissements de sa trompe s'entendent à 2 km à la ronde.*

*Son dos est sombre, son ventre blanc.*

## La raie manta

**Mers chaudes**

On dirait qu'elle vole sous l'eau : ses nageoires sont comme d'immenses ailes. C'est **le poisson à l'envergure la plus grande**. Au crépuscule, elle surgit parfois des flots et frappe l'eau dans un bruit de tonnerre. Malgré son surnom de « diable de mer », elle est inoffensive.

### LE CALMAR GÉANT, DERNIER INCONNU ?

Le 3 octobre 2001, un calmar de **9 m de long** et de **147 kg** a été retrouvé mort sur une plage d'Espagne. C'est le plus grand connu à ce jour. Mais dans l'estomac de plusieurs cachalots, on a trouvé des becs (la partie la plus dure) correspondant à des calmars de près de 20 m ! Nageant entre deux eaux, cet animal discret vit à de grandes profondeurs, hors de portée des filets de pêche. Ses habitudes sont encore mal connues.

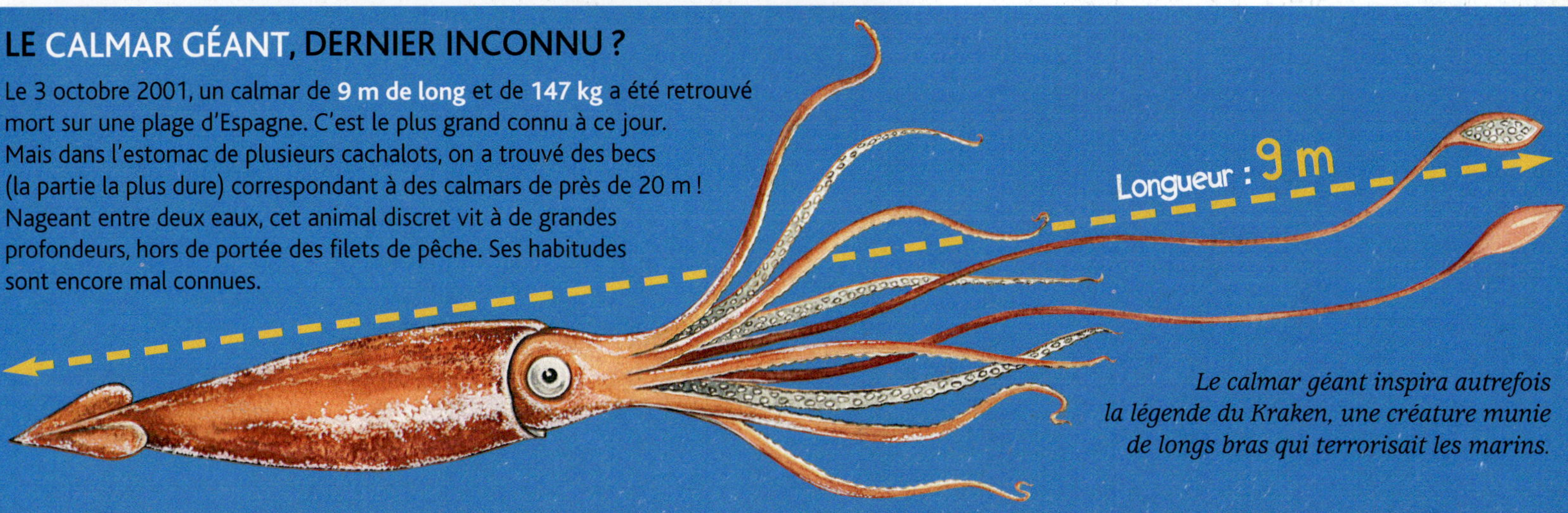


*Le calmar géant inspira autrefois la légende du Kraken, une créature munie de longs bras qui terrorisait les marins.*

# LES MINUSCULES

**Ce n'est pas parce que l'on est petit… que l'on est une proie facile ! À leur échelle, ces « lutins » sont souvent de grands chasseurs, rapides et voraces, tirant parti des ressources délaissées par les plus grands qu'eux.**

*Ses ailes battent 78 fois par seconde.*

## Le colibri de Cuba

**Cuba**

Appelé aussi « colibri d'Hélène », c'est **le plus petit oiseau** du monde. Il se nourrit d'insectes, mais sa nourriture préférée est le nectar, qu'il aspire avec son long bec dans les corolles des fleurs. Facile : comme tous les colibris, il sait voler en arrière et faire du surplace !

Poids :
1,6 g

*On l'appelle aussi « chauve-souris à nez de cochon ».*

## La chauve-souris de Kitti

**Thaïlande**

**La plus petite chauve-souris**, découverte en 1973, ne fait que 15 cm d'envergure, et n'est pas plus grosse que ton pouce ! En Afrique de l'Ouest, vit une autre espèce, la pipistrelle naine, qui mesure 3,7 cm et pèse 2,5 g.

## ILS TIENNENT DANS TA MAIN !

**Tous ces « minuscules » sont représentés à leur taille réelle. Pose ta main ici… et compare !**

## La musaraigne étrusque

**Europe du Sud, Afrique**

Appelé aussi « pachyure étrusque », **le plus petit mammifère** du monde fait la même taille qu'un gros bourdon ! Très active, la musaraigne étrusque chasse de jour comme de nuit, principalement des insectes. Son corps minuscule retient mal la chaleur, et elle doit avaler chaque jour 4 fois son poids de nourriture.

Longueur (sans la queue) :
4 cm

Poids :
2 g

*Il en existe 170 espèces à travers le monde.*

## Le typhlops

Zones chaudes

**Le plus petit serpent** ressemble plutôt… à un ver de terre. Il vit enfoui dans le sable, qu'il creuse à coups de tête pour chasser les fourmis, les termites et autres petits insectes. Aveugle, il se dirige grâce à son odorat et aux vibrations du sol.

## La tortue musquée

**Amérique du Nord**

Vivant en eaux douces, c'est **la plus petite tortue** du monde ! Elle doit son nom à la forte odeur qu'elle libère quand on l'attrape. Elle chasse des vers, des escargots, des têtards et même des écrevisses.

Longueur :
8 cm

Poids :
200 g

*Son cou est si long qu'elle peut toucher ses pattes arrière avec sa tête !*

## La belette naine polaire

**Amérique du Nord, surtout en Alaska**

À peine plus grosse qu'une souris, la femelle est **le plus petit mammifère carnivore**. Les belettes chassent seules ou en famille, de jour comme de nuit. Voraces et féroces, elles débusquent souris, rats et lapins jusque dans leur terrier.

*Elle passe dans une ouverture de la taille d'une pièce de 1 euro.*



## Le ouistiti mignon

**Amérique du Sud**

Appelé aussi « marmouset », **le plus petit singe** évolue au sommet des grands arbres de la forêt amazonienne, où il se nourrit d'insectes et de fruits. Très lent en temps normal, il bondit comme un ressort pour échapper aux attaques des oiseaux.

*Sa queue, plus longue que son corps, est préhensile.*

### LES BÉBÉS DES PETITS

**Lorsqu'un animal est minuscule… ses « petits » le sont encore plus !**

- L'oisillon du **colibri d'Hélène** pèse **0,5 g** (le poids d'un timbre).
- Les bébés du **ouistiti mignon** sont de la taille d'**une fève**.
- Le bébé **typhlops** est long comme **une phalange**…

# PRESQUE INVISIBLES

**Certains animaux se distinguent à peine à l'œil nu. Quant à la plus petite forme vivante autonome, une bactérie, il faudrait la grossir 10 000 fois pour qu'elle atteigne la taille d'un point.**

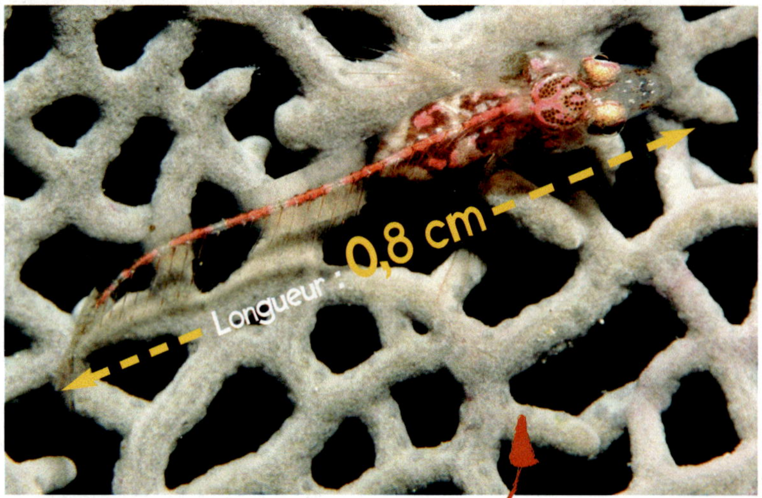


## Le gobie nain

*Il est presque transparent.*

**Philippines**

Le plus petit poisson est aussi **le plus petit vertébré connu**. Il vit dans les cours d'eau de l'île de Luzon, et gagne la mer pour aller pondre. C'est là que les hommes le pêchent par milliards pour le manger en pâtés. Dans un kilo de gobies, il y a environ 30 000 individus !

## Le gecko nain

**Antilles**

Tu as peut-être aperçu ce lézard pâle, évoluant sur une vitre, un mur ou même au plafond. Cet acrobate possède des doigts larges, munis de soies microscopiques qui lui permettent de s'accrocher partout. La plus petite espèce, qui vit aux Antilles, détient le record du **plus petit reptile**.

**Longueur (sans la queue) : 1,8 cm**

*Il émet des cris bruyants.*

**Poids : 2 g**

*Elle repère les insectes avec ses gros yeux.*

## La grenouille de Cuba

**Cuba**

Dans les forêts de Cuba et d'Amérique du Sud vivent de nombreuses espèces de grenouilles minuscules mesurant entre 1 et 2 cm. La plus petite, qui détient le record du **plus petit amphibien**, fut découverte en 1996 sous le tapis de feuilles mortes où elle vit. Elle tiendrait sur l'ongle de ton pouce !

*Il est gros comme un grain de sel.*

## Le collembole

**Monde entier**

Apparu il y a 400 millions d'années, c'est **le plus petit insecte visible à l'œil nu**. Il n'a pas d'ailes, mais une fourche sous l'abdomen qui lui sert de ressort pour sauter et échapper au danger. Cherche-le dans les pots de fleurs, où vit une espèce au corps très blanc.

### MICROSCOPIQUES !

- Le plus petit insecte serait un **hyménoptère** de **0,16 mm**, soit 10 fois moins qu'une puce.
- ***Stigmella ridiculosa***, la plus petite mouche **(0,3 mm)**, passe dans le chas d'une aiguille.
- **2 mm**, c'est l'envergure du ***Johanssonia***, le plus petit papillon.

# TOUT EST RELATIF

**Dans chaque famille de grands mammifères, on trouve quelques espèces naines, qui ne sont pas les moins vaillantes…**

## L'ours des cocotiers

**Asie**

**Le plus petit ours** passe la majeure partie de son temps au sommet des arbres. Grand amateur de miel, il affectionne aussi les palmiers cocotiers, dont il croque le cœur tendre.

Longueur : **1 m**
Poids : **27 kg**

*Il s'accroche aux branches grâce à ses grandes griffes.*

## Le chat à pattes noires

**Afrique du Sud, Botswana, Namibie**

Il vit dans le désert, où il se nourrit de rongeurs, de lézards et d'insectes. Mais **le plus petit félin** peut aussi s'attaquer à un mouton, en le mordant de toutes ses forces pour lui trancher la gorge.

## Le chevrotain

**Malaisie**

Pas plus gros qu'un lapin, très farouche, **le plus petit cervidé** passe ses journées à se reposer dans les fourrés. Il sort la nuit pour se nourrir de fruits, de feuilles et parfois de vers et d'insectes.

### COMME DES JOUETS

**À force de croisements, l'homme a réussi à miniaturiser tous les animaux domestiques. Voici quelques « records » :**

- Le **cochon** : **9 kg**
- La **vache** : **50 kg**
- La **poule** : **200 g**
- Le **cheval** : **36 cm** au garrot
- Le **mouton** : **32 cm** au garrot
- Le **chien** : **15 cm** au garrot

# À TOUTE VITESSE

**Attaquer, fuir, séduire… Dans de nombreuses situations, la vitesse est pour l'animal un atout décisif. À chacun son « record », en fonction des organes dont la nature l'a doté !**

## SUR TERRE : COURIR POUR SURVIVRE

Prédateurs et proies, la poursuite est éternelle ! C'est dans les plaines et les savanes, où la visibilité est très étendue, que se rencontrent les champions terrestres de la vitesse.

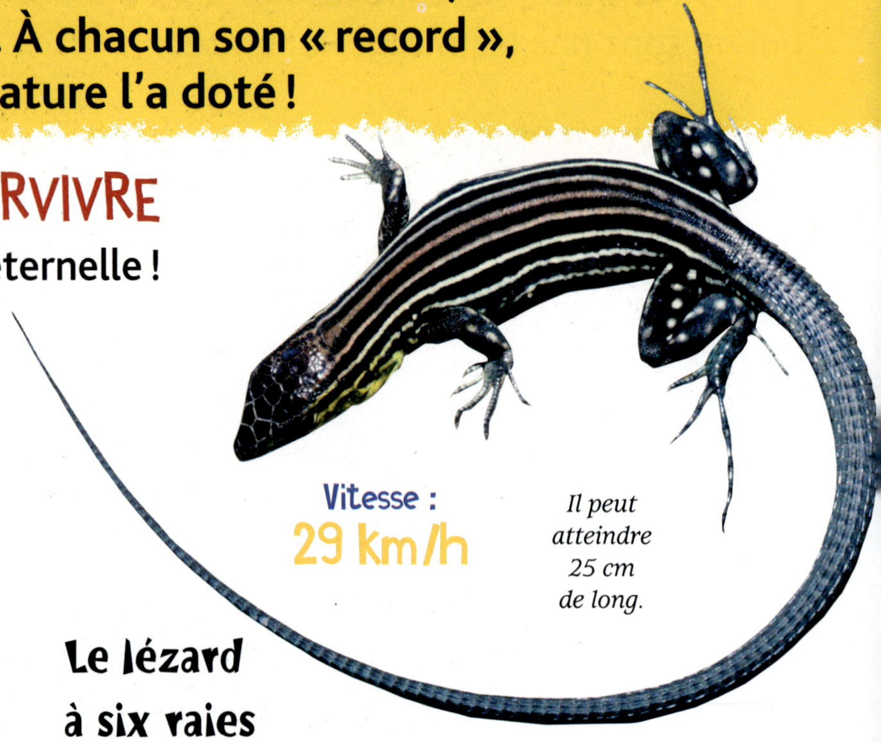

Vitesse : 29 km/h

*Il peut atteindre 25 cm de long.*

### Le lézard à six raies

**Amérique du Nord**

Dressé sur ses pattes, c'est **le reptile le plus rapide** du monde. Vif et alerte, il chasse en courant sauterelles et criquets, cafards et micromammifères. Vivant en petites colonies, il est actif de mars à septembre.

*Sa silhouette est pure et élancée.*

Vitesse : 65 km/h

### Le greyhound

**Monde entier**

Ses pattes postérieures viennent dépasser celles de devant… puis il s'étend d'un bond et semble s'envoler ! Mais **le plus rapide des chiens** est un sprinteur qui ne peut soutenir longtemps cette vitesse. En Angleterre, les courses de lévriers sont aussi fameuses que les courses de chevaux.

### Le grand géocoucou

**Amérique du Nord**

Surnommé « coureur des routes », ce drôle d'oiseau de 60 cm de haut et pesant 3 kg est **le coureur le plus rapide capable aussi de voler** (même s'il n'aime guère cela). Il vit dans les déserts, où il a l'habitude de suivre les voitures en courant ! Dès qu'il a attrapé son dîner (lézard, serpent, scorpion…), il lui fracasse la tête avec son bec pointu et l'avale d'un coup.

**CHACUN SON RYTHME**

- Le cheval pur-sang : 68 km/h
- Le lièvre : 25 km/h
- L'araignée solifuge : 16 km/h
- Le cafard tropical : 5,5 km/h
- La tortue éléphantine : 270 m/h
- Le ver de terre : 20 m/h
- L'escargot de Bourgogne : 5 m/h
- La limace noire : 2 m/h
- L'anémone de mer : 2 cm/h

*C'est lui, le fameux Beep-Beep du dessin animé.*

Vitesse : 40 km/h

*Elle a deux larges bandes blanches sur le poitrail.*

## Le pronghorn

Amérique du Nord

Elle est **l'antilope la plus rapide** sur moyenne distance. Son sprint ne dure qu'une minute, mais elle peut aussi maintenir 50 km/h pendant un quart d'heure. On l'a déjà vue courir à côté d'une voiture et la doubler, apparemment pour le plaisir !

### TOUJOURS L'AUTRUCHE !

Le plus gros oiseau est aussi **le bipède le plus rapide**. Dotée de muscles puissants, l'autruche marche à 4 km/h. Mais si un prédateur approche, elle détalera à toute vitesse : jusqu'à 65 km/h !

## Le mamba noir

Sud de l'Afrique

Long de 2 à 3 m, cet habitant des forêts et savanes serait **le serpent le plus rapide**. Très actif, il passe ses journées à poursuivre rongeurs, oiseaux, lézards… Malgré sa taille, il peut grimper rapidement aux arbres. Son venin est très puissant.

*Son corps est gris à brun, très brillant.*

## Le guépard : 300 mètres pour tuer

Afrique, Moyen-Orient

Svelte et musclé, avec des membres très longs, c'est **l'animal terrestre le plus rapide**. De la taille d'une petite panthère, il mesure jusqu'à 1,50 m de long (+ 80 cm pour la queue) et pèse de 40 à 65 kg. C'est le seul félin aux griffes non rétractiles, ce qui lui permet de prendre solidement appui sur le sol. Quand il doit changer brusquement de direction, sa longue queue l'aide à garder l'équilibre.

*Le guépard s'approche au plus près, puis s'élance : son sprint peut se poursuivre sur 300 m.*

*Selon la taille de sa proie, il saute sur son dos pour lui briser la nuque, ou la mord à la gorge pour l'étouffer. En moyenne, 1 tentative sur 8 réussit.*

# DANS LE CIEL : ILS FONT SIFFLER L'AIR

**Avec leurs ailes légères et profilées, les oiseaux sont les maîtres du ciel. Il leur faut pourtant partager l'espace avec d'autres… à peine moins doués !**

## La frégate superbe

**Océans Indien, Atlantique et Pacifique**

Ce grand planeur au corps noir est **l'oiseau marin le plus rapide**. Il n'amerrit jamais, car ses plumes ne sont pas imperméabilisées. Il plane longuement au large pour pêcher en surface, saisir au bond les poissons volants… ou dérober en vol les poissons capturés par d'autres oiseaux, comme le cormoran ou le fou !

*Son envergure atteint 2,40 m.*

## Le molosse

**Zones tropicales**

Les ailes des chauves-souris sont en fait des doigts démesurés reliés par des membranes. Parmi 900 espèces, les molosses seraient **les mammifères volants les plus rapides**. Battant des ailes 16 à 20 fois par seconde, ils peuvent parcourir sans s'arrêter plusieurs centaines de kilomètres.

*Ses ailes sont longues et fines.*

*Le dessin sur son thorax ressemble à un crâne humain.*

## Le sphinx tête-de-mort

**Afrique, Europe**

Originaire d'Afrique, **le papillon le plus rapide** est un migrateur qui arrive en Europe en mai-juin. Nocturne, il se nourrit de nectar et de miel. Lorsqu'il est effrayé, il émet avec sa trompe un sifflement plaintif, un peu comme le cri d'une souris.

### EN UNE SECONDE…

- La **chauve-souris roussette : 1 battement d'ailes.**
- La **cigogne : 2 battements.**
- Le **martinet : 8 battements.**
- La **libellule : 30 battements.**
- La **papillon sphinx : 60 battements.**
- La **mouche : 200 battements.**
- Le **moucheron *Forcipomya* : 2 000 battements.** Ce serait le mouvement musculaire le plus rapide au monde.

*Sa vision est panoramique à 360 degrés.*

## La libellule

Zones tempérées ou tropicales

Il en existe 2 500 espèces. C'est **l'insecte volant le plus rapide**, capable de brusques changements de direction. Ses organes internes flottent directement dans le sang, ce qui permet à son corps de supporter des accélérations 3 fois plus forte que celle subies par un pilote de chasse.

## Le harle huppé

Europe et Amérique du Nord

Canards et oies sont les champions du vol horizontal. Parmi eux, ce canard migrateur serait **l'oiseau le plus rapide en vol battu**. Plus nordique que les autres, il niche dans la taïga et la toundra sur les plans d'eau douce ou salée, où il pêche des poissons.

*Il mesure de 70 à 86 cm d'envergure.*

## Le faucon pèlerin

Monde entier

Il existe 22 espèces de faucons. Ce petit rapace aux longues ailes, est en piqué **l'animal le plus rapide au monde**. Capable de voler jusqu'à 110 km/h, le faucon pèlerin chasse surtout d'autres oiseaux, en s'élevant avant de fondre sur eux. Les Égyptiens, il y a 3 000 ans, le dressaient déjà pour la chasse.

*Plus grande, la femelle est aussi plus rapide. Sa vue excellente lui permet de repérer une proie à 3 km.*

### LENTE BÉCASSE

Ce petit oiseau, qui pèse de 200 à 500 g, serait **le plus lent en vol** : **8 km/h**. C'est pourtant un migrateur qui part l'hiver se réchauffer au soleil.

# DANS L'EAU : PROFILÉS POUR NAGER

**Pour affronter la résistance de l'eau, les animaux marins ont tous une forme hydrodynamique. Les plus rapides sont ceux qui fréquentent le large, un milieu sans cachettes où il faut nager vite…**

## La tortue luth

**Mers tropicales et tempérées**

Elle n'a pas de plaques sur le dos, mais une carapace aplatie faite d'une sorte de cuir épais. Avec ses 350 kg, c'est la plus lourde des tortues. C'est aussi **le reptile marin le plus rapide**, gobant au passage ses proies favorites : les méduses.

**Vitesse : 35 km/h**

*Ses longues pattes se sont transformées en palettes natatoires.*

**Vitesse : 40 km/h**

*Le mâle pèse jusqu'à 250 kg. La femelle, 120 kg.*

## L'otarie de Californie

**Côtes du Pacifique Nord et îles Galapagos**

Appelée aussi « lion de mer », elle est **le plus rapide des pinnipèdes** (otaries, phoques et morses). Sa vitesse lui permet de foncer dans les bancs de sardines à des profondeurs de 30 à 100 mètres. L'otarie peut vivre 20 ans, si un requin ne la mange pas avant !

### À RÉACTION !

- **Calmars, poulpes et seiches** se propulsent à reculons, en expulsant brusquement l'eau contenue dans leur manteau. Sur de très courtes distances, certains pourraient atteindre **100 km/h** !
- La **langouste**, elle, se propulse vers l'avant à **28 km/h** en repliant brusquement sa queue.
- Et quand la **coquille Saint-Jacques** se referme d'un coup, elle le fait à **15 km/h** !

*Sa tête est large et aplatie, et sa gueule pavée de 700 dents.*

**Vitesse : 38 km/h**

## Le brochet

**Europe et Amérique du Nord**

Il serait **le plus rapide poisson d'eau douce**.
Ce grand carnassier (la femelle peut atteindre 1,50 m et peser 25 kg) chasse à l'affût. Il n'est pas agile, mais sa queue massive lui permet, sur de courtes distances, des accélérations foudroyantes. Il parvient même à attraper des oiseaux posés sur l'eau !

*Il mesure 3,50 m de long, dont un tiers pour le rostre très pointu.*

## Le voilier cosmopolite

**Mers chaudes et tempérées**

**Le poisson le plus rapide** nage souvent en surface, sa grande nageoire dorsale déployée comme une voile. Mais il la replie pour piquer des sprints fulgurants et très courts, de 100 à 300 m. Il se nourrit de poissons et de calmars… qu'il rattrape facilement !

*La tache blanche simule un œil géant, pour effrayer les proies.*

## L'orque

**Mers froides**

**Le cétacé le plus rapide** est aussi l'un des plus grands prédateurs. Dans son estomac, on a retrouvé des dauphins de 3 m. En sautant, il peut aussi attaquer et happer un phoque réfugié sur la banquise ! Ce géant vit en groupe d'une trentaine d'individus. Le mâle atteint 9 m, la femelle, 4,50 m.

### COMME UN MIRACLE

Le **basilic**, grand lézard d'Amérique centrale, **court jusqu'à 15 km/h sur la terre**. En cas d'alerte, il est capable de **traverser une étendue d'eau** (jusqu'à 400 m) **sans s'y enfoncer** ! Ce « miracle » est dû à ses pattes aux doigts très longs, qui répartissent son poids sur l'eau.

À cette vitesse, sa queue épaisse le soutient aussi comme un ski nautique.

*Son corps est bleu foncé dessus (comme la mer), blanc immaculé dessous et ses flancs, argentés.*

## Le requin-mako

**Mers tempérées et tropicales**

Avec son corps fuselé comme une torpille, il est sans doute **le requin le plus rapide**. Long de 2 à 4 m, il lui arrive aussi de faire des bonds de près de 10 m hors de l'eau. Ce tueur redoutable attaque tous les autres poissons, même les espadons. Potentiellement dangereux pour l'homme, il préfère heureusement le fuir.

# PLUS LOIN, PLUS HAUT

**Bref et intense, le saut permet d'échapper un instant à la pesanteur… Certains animaux s'en servent à l'occasion pour s'enfuir ou attraper une proie. Chez d'autres, sauter est un mode de déplacement habituel.**

*Elle peut voler, mais se déplace surtout en sautant.*

## LES SAUTEURS : MONTÉS SUR RESSORTS

Saut en longueur ou en hauteur, ces « champions » s'illustrent souvent dans les deux catégories…

### La sauterelle verte

Monde entier

Brusquement, d'une seule détente de ses pattes postérieures, elle franchit près de 200 fois sa longueur. Tout comme la puce, **l'insecte qui saute le plus loin par rapport à sa taille** possède dans les pattes une substance élastique (un peu comme du caoutchouc) qui se détend instantanément lors du saut.

*Très rapide, il peut atteindre 80 km/h en sprint.*

### Le springbok

Afrique de l'Ouest

Avec la panthère des neiges, il détient le record du saut en longueur. Mais cette petite antilope est aussi **le meilleur sauteur « à pieds joints »**. En cas d'alerte, le springbok se met à faire des bonds sur place… bientôt imité par tous les membres du troupeau. Imagine le spectacle !

*Son corps très aplati la rend dificile à saisir.*

### La puce

Monde entier

C'est **l'animal qui saute le plus haut par rapport à sa taille** : 130 fois ses modestes 2 mm ! Au « décollage », son accélération est 20 fois supérieure à celle de la fusée *Ariane* et, à l'atterrissage, elle subit une décélération équivalant à celle d'une voiture fonçant dans un mur à 300 km/h ! Tous ces exploits pour bondir sur ses hôtes… auxquels elle reste ensuite bien accrochée, grâce à ses pattes munies de crochets.

CHAMPIONNE !

Un champion olympique de saut en hauteur franchit **2,40 m**. Un « exploit » qu'égalise facilement sans élan une petite **gerboise**… haute de 15 cm !

## Le tatou à neuf bandes

Il mesure jusqu'à 55 cm de long et pèse environ 5 kg.

**Amérique du Sud et centrale**

C'est **le mammifère cuirassé qui saute le plus haut** ! Ce chasseur d'insectes sort la nuit, protégé des prédateurs par sa cuirasse formée de plaques osseuses articulées. Malgré son apparence lourde, lorsqu'il est effrayé, il peut bondir sur place jusqu'à 4 fois sa propre hauteur.

En hauteur : **4 m**

En longueur : **13 m**

Ses pieds mesurent 30 cm (soit une pointure 48 !)

## Le kangourou

**Australie**

Il ne peut pas bouger ses pattes arrière séparément. Lorsqu'il broute, **le champion des marsupiaux** avance maladroitement par petits bonds, en prenant appui sur sa longue queue musclée. Poursuivi par un dingo (un chien sauvage), il rebondit sur ses tendons élastiques, et le distance en quelques sauts !

Curieux, il accompagne les bateaux en sautant hors de l'eau.

## Le dauphin

**Monde entier**

Il fend les flots jusqu'à 50 km/h, puis se propulse en l'air en donnant un brusque coup de nageoire caudale. C'est **le mammifère marin qui saute le plus haut**, à égalité avec l'orque. Une capacité qui vaut à ces deux animaux d'être dressés pour exécuter des numéros.

### AUTRES RECORDS

**HAUTEUR**
- Le **puma** : **7 m**
- Le **tigre** : **4 m**
- Le **bouquetin** : **3,50 m**
- L'**impala** : **3 m**
- Le **cheval pur-sang** : **2,47 m**
- Le **lièvre** : **2,10 m**

**LONGUEUR**
- Le **cheval** : **8,40 m**
- La **grenouille** : **5 m**
- L'**araignée sauteuse** : **60 cm**

# DANS LES ARBRES : PLUS FORTS QUE TARZAN

**Dans les forêts tropicales, la façon la plus rapide de se déplacer est de sauter de branche en branche. C'est pourquoi on y trouve les meilleurs acrobates !**

*Comme tous les grands singes, il n'a pas de queue.*

## Le gibbon

Asie

Ses bras sont beaucoup plus longs que ses jambes. Pour se déplacer, il se balance en agrippant très vite une branche après l'autre. Et avant d'effectuer un grand saut, **le plus agile des singes** prend de l'élan en courant sur les branches minces… Personne ne l'a jamais vu tomber !

### DOUÉ… MAIS LENT

**Le plus lent des mammifères**, l'aï ou « paresseux », vit dans les forêts d'Amérique du Sud. Il passe sa vie la tête en bas, suspendu par les griffes de ses 4 pattes, ne lâchant une branche qu'après s'être accroché à une autre. Il se déplace à la vitesse maximale de **3 m par minute**… et il dort 22 heures par jour !

*Au sol, il se déplace par petits bonds sur ses pattes arrière.*

## Le sifaka de Verreaux

**Madagascar**

Le matin, il prend le soleil bras écartés, en haut des arbres. À Madagascar, on le considère comme l'ancêtre de l'homme, car on dirait qu'il prie ! Le soir, **le champion des lémuriens** s'anime : en quête de fruits mûrs, il saute d'arbre en arbre en plongeant à travers la végétation.

## L'atèle

**Amérique du Sud**

Sa queue, très puissante et plus longue que son corps, présente à son extrémité une surface de peau nue. L'atèle s'en sert comme d'un doigt supplémentaire pour agripper les branches et faire les plus folles cabrioles. Elle lui permet aussi de s'accrocher à la fin de ses sauts. **Cet acrobate hors pair** n'hésite pas à se laisser tomber de 10 m de haut !

*On l'appelle aussi « singe-araignée ».*

## LE GRAND SAUT

Pour surveiller son territoire, **le puma** d'Amérique se hisse au sommet des grands arbres. Il en redescend souvent en sautant dans le vide. On l'a vu effectuer **des « plongeons » de 18 m**, soit l'équivalent **de 6 étages**. Par rapport à sa taille, ton chat est capable de la même performance, avec un saut de 6 m sans bobo (mais n'essaie surtout pas de le forcer à réaliser cet exploit !)

# LES PLANEURS : LE PLUS COURT CHEMIN

**Dépourvus d'ailes, ces animaux ont développé d'autres techniques qui leur permettent d'emprunter la voie des airs… pour économiser de l'énergie, fuir ou poursuivre une proie.**

*En vol, elle aplatit son corps.*

## La grenouille volante de Wallace

**Asie du Sud-Est**

Hop ! Vive comme l'éclair, **la plus agile des grenouilles** saute d'arbre en arbre en écartant ses grandes pattes palmées. Elle franchit à chaque fois plus de 100 fois sa taille et s'oriente en modifiant la position de ses pieds.

## Le serpent volant

**Asie du Sud-Est**

De la cime d'un arbre, **le champion des serpents volants** bondit en aplatissant son corps comme un ruban, formant une série d'anneaux en « S » pour prendre appui sur l'air. Pendant son « vol », il peut même attraper un oiseau !

*Il mesure environ 1,20 m.*

*Sa vue développée lui permet d'évaluer les distances avec précision.*

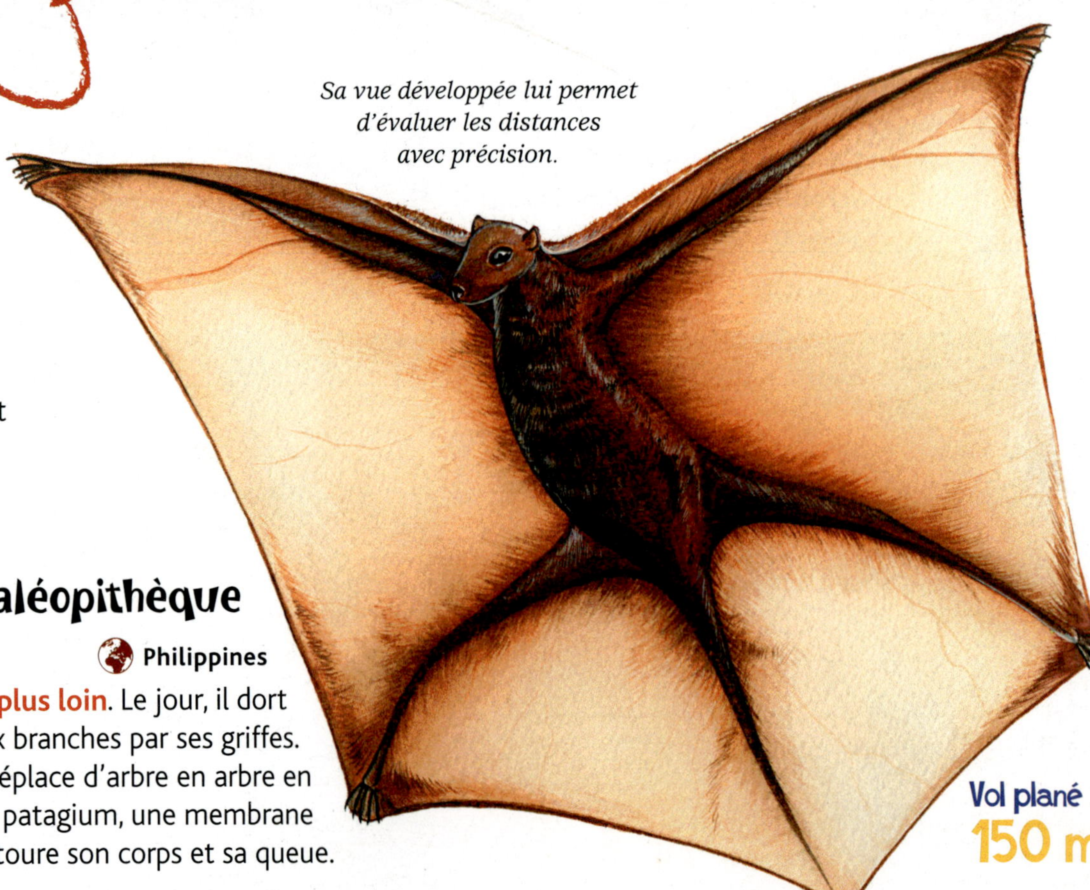


## Le galéopithèque

**Philippines**

C'est **l'animal qui plane le plus loin**. Le jour, il dort la tête en bas, accroché aux branches par ses griffes. La nuit, le galéopithèque se déplace d'arbre en arbre en se « parachutant » à l'aide du patagium, une membrane de peau qui entoure son corps et sa queue.

*Au repos, il replie ses membranes pour ne pas les déchirer.*

## Le dragon volant

Malaisie

Il vit à mi-hauteur des grands arbres où il se nourrit de fourmis, et descend rarement à terre. Pour se déplacer, **le plus grand lézard volant** plane en déployant les replis de peau situés de chaque côté de son corps. Sa queue lui sert de gouvernail.



## L'exocet

Monde entier

Pour échapper aux ennemis, **le champion des poissons volants** bondit brusquement hors de l'eau. Il déplie alors ses grandes nageoires pectorales en forme d'ailes pour planer jusqu'à 5 m au-dessus des flots. Par grand vent, il atteint 70 km/h ! Quand il n'a plus assez d'énergie, il lui suffit de ricocher sur la crête d'une vague en redonnant quelques coups de queue…

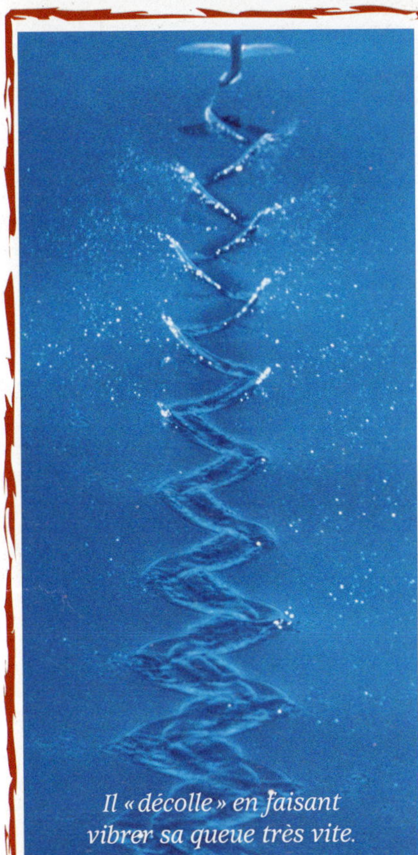

*Il « décolle » en faisant vibrer sa queue très vite.*

Vol plané :
90 m

# 2 • VIVRE PARTOUT

**SUR TERRE OU SOUS L'EAU, LE MONDE SEMBLE PLEIN D'ENDROITS INHABITABLES : LES TEMPÉRATURES OU LES PRESSIONS Y SONT EXTRÊMES. C'EST OUBLIER QUE LA VIE EST (PRESQUE) TOUJOURS LA PLUS FORTE : À FORCE D'ÉVOLUTION ET D'ADAPTATION, CERTAINS ANIMAUX ONT CONQUIS LES PLUS SURPRENANTES DES « NICHES » ÉCOLOGIQUES...**



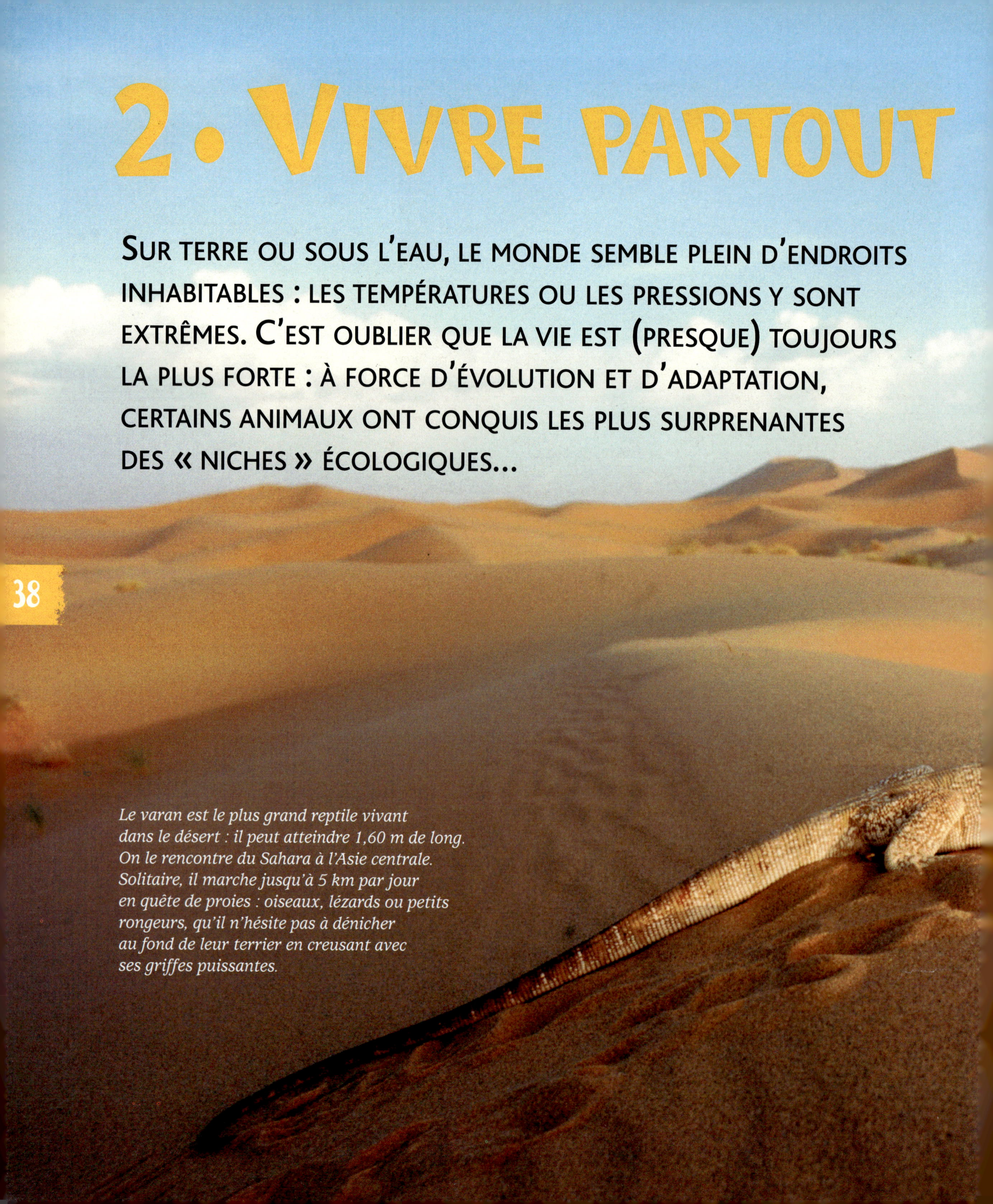

*Le varan est le plus grand reptile vivant dans le désert : il peut atteindre 1,60 m de long. On le rencontre du Sahara à l'Asie centrale. Solitaire, il marche jusqu'à 5 km par jour en quête de proies : oiseaux, lézards ou petits rongeurs, qu'il n'hésite pas à dénicher au fond de leur terrier en creusant avec ses griffes puissantes.*

## LE TARDIGRADE, SUPERCHAMPION DE LA RÉSISTANCE

Cet **animal minuscule (0,5 mm)** se rencontre dans l'eau, sur les mousses et les lichens. Dans des conditions hostiles, il se vide de son eau et suspend son métabolisme. Il peut supporter ainsi beaucoup de choses avant qu'une goutte d'eau suffise à le ranimer :

- Il peut patienter **2 000 ans** (prouvé), mais sans doute 100 000 ans voire beaucoup plus.
- Plongé à **– 272,9 °C pendant 20 heures, ou à – 190 °C pendant 2 ans**, il a facilement résisté.
- Il survit au **vide absolu** comme à **une pression de 600 Mpa** (l'équivalent de 60 km sous l'eau).
- Il résiste **aux ultraviolets, aux rayons X, aux poisons et substances chimiques**.

La plupart de ces conditions n'existent même pas sur Terre, ce qui fait penser à certains scientifiques... que le tardigrade serait venu de l'espace !

# LE PEUPLE DES PÔLES

**Le pôle Nord est un océan (l'Arctique) recouvert par quelques mètres de banquise. Le pôle Sud est un continent (l'Antarctique) enfoui sous 2 km de glace. Deux univers qui n'offrent pas les mêmes chances de survie…**

## AU SUD, UN DÉSERT GLACÉ

L'Antarctique est l'endroit le plus froid au monde : la température peut descendre à – 90 °C. Nul animal ne vit à l'intérieur du continent. Mais sur les berges, règne une certaine agitation…

*Il mesure 70 cm de haut et pèse 5 kg.*

### Le manchot Adélie

**Antarctique et îles australes**

C'est **le manchot le plus courant en Antarctique**. De mars à octobre, on le voit dériver sur les icebergs, se nourrissant de poissons et de krill. Au printemps, il revient nidifier sur le continent en formant d'immenses colonies.

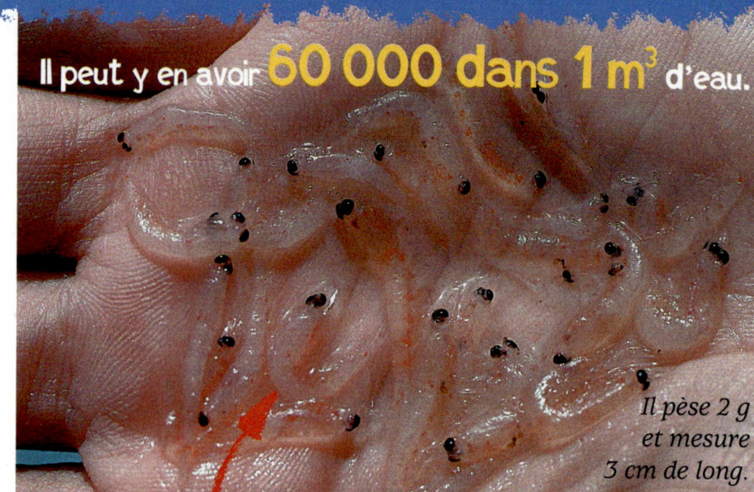


### Le krill de l'Antarctique

**Océans du Sud**

Ce minuscule crustacé est **le plus abondant des animaux planctoniques**. Il se déplace en gigantesques bancs qui teintent la mer en rose et peuvent peser 10 millions de tonnes ! Le krill constitue l'aliment de base des poissons, des oiseaux et des mammifères marins.

### Le léopard de mer

**Antarctique et îles australes**

Après l'orque, ce géant, qui peut atteindre 300 kg, est **le plus redoutable prédateur de l'Antarctique**. Il s'attaque surtout aux manchots. Curieux, il s'approche des bateaux et taquine parfois les plongeurs de façon agressive.

# AU NORD, UNE FAUNE OBSTINÉE

**Avec des pics à – 70 °C, les températures du pôle Nord sont à peine moins extrêmes. Plusieurs dizaines d'espèces y vivent pourtant. La plupart n'hibernent pas : elles risqueraient de mourir de froid !**

Il passe l'hiver à – 40 °C en moyenne.

*Ses petites oreilles laissent peu de prise au froid.*

*Sa fourrure est blanche en hiver, gris-brun en été.*



## Le renard polaire

**Régions arctiques**

Plus petit que le renard commun, il mesure de 50 à 70 cm sans la queue. Actif toute l'année, c'est **le prédateur terrestre le plus répandu**. Il se nourrit d'oiseaux et de rongeurs, ainsi que des restes de phoques laissés par les ours blancs.

### ILS PEUVENT GELER !

Certains animaux qui hibernent possèdent un système d'antigel : **leur corps peut geler sans danger**, car leur organisme expulse l'eau des cellules pour les empêcher d'éclater. Chez l'écureuil des neiges, cette eau est remplacée par une sorte de sucre épais. Dès le redoux, il reprend vie comme avant.
Les poissons, eux, n'hibernent pas et restent toujours actifs. Chez plusieurs d'entre eux, on a pourtant mesuré une température interne de… – 2,5 °C !

On le rencontre jusqu'à 83° de latitude nord.

## Le lemming

**Régions arctiques**

Ce tout petit mammifère (il mesure 13 cm de long) est **celui qui remonte le plus au nord**. Pendant les 9 mois d'hiver, il se réfugie dans un nid d'herbes sèches qu'il confectionne à l'intérieur de la couche de neige.

*Il n'hiberne pas et maigrit beaucoup pendant l'hiver.*

## Le requin laimargue

**Mers polaires, surtout au Groenland**

C'est le requin le plus résistant au froid. C'est aussi le plus gros poisson des mers polaires, où il vit en permanence. Peu actif, il se plaît dans de l'eau entre 0,6 °C et 4 °C, et descend jusqu'à 1 200 m lorsque la température de l'eau augmente.

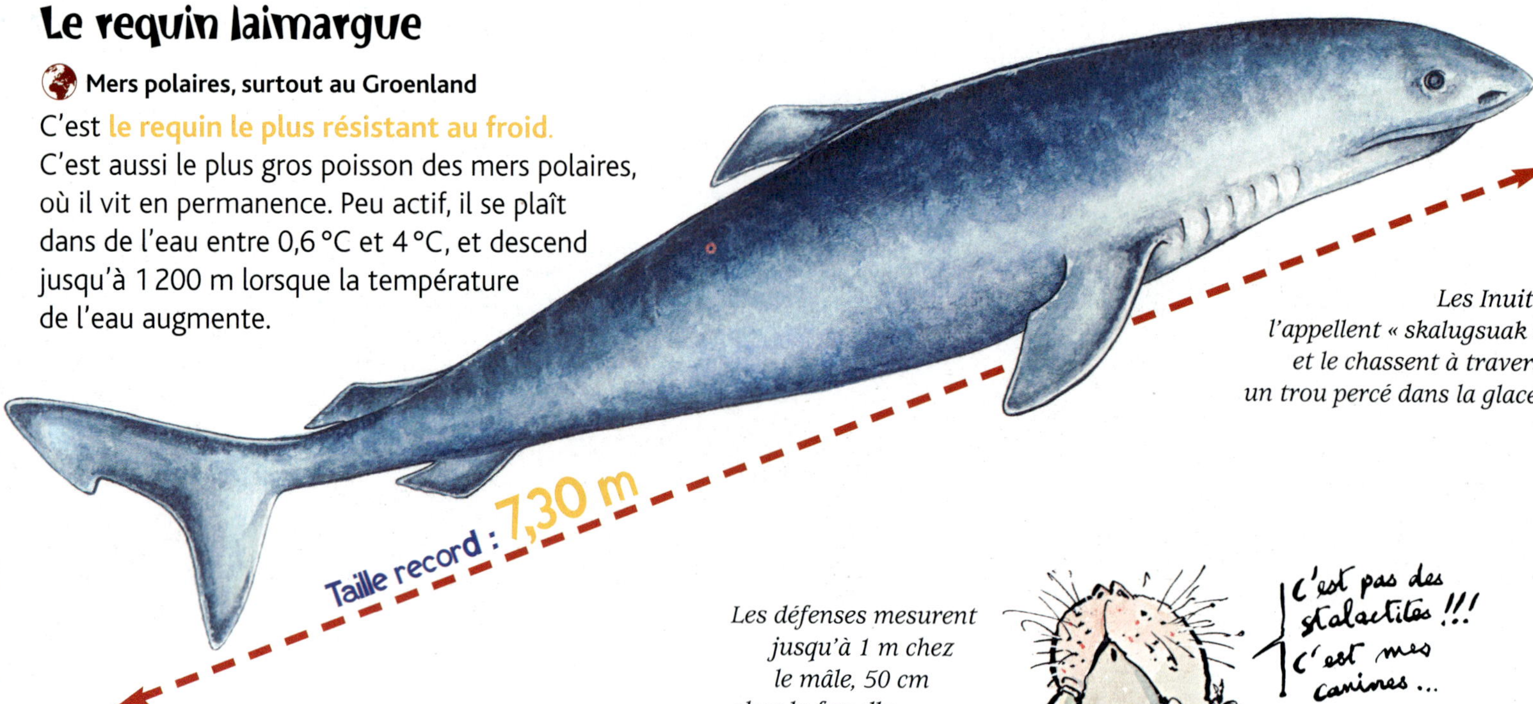


*Les Inuits l'appellent « skalugsuak » et le chassent à travers un trou percé dans la glace.*

*Les défenses mesurent jusqu'à 1 m chez le mâle, 50 cm chez la femelle.*

## Le morse

**Océan Arctique, nord de l'Atlantique**

C'est sans doute **le pinnipède le plus impressionnant**. Il est pourtant inoffensif, passant ses journées à dormir en petits troupeaux sur la banquise, plongeant parfois pour pêcher petits poissons et mollusques. Il utilise ses défenses comme arme et comme appui pour se hisser sur la banquise.

## L'OURS POLAIRE : SEIGNEUR DU GRAND NORD

Ce **chasseur solitaire** erre sans fin sur la banquise, en quête de nourriture. Le phoque est sa proie favorite, mais il s'attaque aussi au narval, au morse, au bélouga… Pourtant, l'ours blanc ne réussit à la chasse qu'une fois sur dix : **il reste parfois plus d'une semaine sans manger**. Pour résister à ces conditions de vie très rudes, il a un physique d'athlète et de solides réserves !

*Sous ses pattes, des poils le protègent du froid.*

*Une première couche de poils longs et épais forme un isolant thermique.*

*Dessous, une seconde couche de poils noirs absorbe et conserve la chaleur.*

*Sous son pelage, il possède une épaisse couche de graisse.*

*Il peut engloutir 80 kg de graisse de phoque en un repas.*

*Son odorat est fin : il sent un phoque sous 1 m de glace.*

*Ses pattes mesurent près de 40 cm de large : elles permettent à l'ours de répartir son poids sur la banquise, sans risque de briser la glace, même quand elle est fine.*

# CHALEUR EXTRÊME

**Pour résister et trouver l'eau nécessaire à leur survie, les animaux des déserts ont développé d'incroyables stratégies…**

## LES DÉSERTS : GROUILLANTS DE VIE

**En plein jour, le soleil est meurtrier : rien ne bouge. Mais à la nuit tombante, des dizaines d'animaux sortent de leurs terriers. Le désert reprend vie !**

Il peut jeûner plus d'un an.

*Il stocke ses réserves de graisses dans sa queue aplatie.*

### Le fouette-queue

Sahara

C'est **le reptile qui gère le mieux ses réserves**. Après une grosse pluie, ce lézard herbivore profite de la brusque éclosion des plantes pour se gaver. Il absorbe alors plus de 30 % de son poids. En cas de sécheresse, il se terre et vit au ralenti pendant des mois.

### Le rat-kangourou

Amérique centrale

Ce petit mammifère tire l'eau des graines qu'il mange. Pour en retenir le maximum, **le rongeur le plus sobre** élimine une urine très concentrée et fait des crottes sèches. Autre astuce : ses narines récupèrent la vapeur d'eau qu'il produit en expirant, pour humidifier l'air qu'il inspire.

#### LE SECRET DES SCORPIONS

De très nombreuses espèces vivent dans le désert. **Ces arachnides** ne boivent jamais et se contentent des liquides contenus dans leurs proies. Grâce à leur squelette externe rigide, enduit d'une cire imperméable, les scorpions sont aussi les plus doués pour conserver l'eau dans leur corps.

#### LES RECORDS DES DÉSERTS

- **30** : le nombre de déserts sur la Terre (35 % des terres émergées).
- **58 °C à l'ombre** : la température record, relevée à Azizia, dans le Sahara.
- **9 millions de km²** : la superficie du Sahara, le plus grand désert (16 fois la France).

### Le fennec

Sahara

Toute la journée, il reste à l'ombre dans son terrier. En circulant dans ses oreilles riches en petits vaisseaux, son sang se rafraîchit en permanence. La nuit, **le plus petit canidé du monde** chasse rongeurs, insectes ou lézards. L'eau contenue dans ses proies suffit à l'hydrater.

*Son pelage clair absorbe peu la chaleur.*

Sa taille est celle du pigeon, son proche cousin.

Il niche sur le sol brûlant

## Le ganga cata

Sud de l'Europe, Afrique du Nord

C'est l'**un des rares oiseaux non migrateurs** du désert. Pour trouver un point d'eau, le ganga cata vole parfois sur plus de 80 km. Il possède des plumes spéciales sur le ventre, absorbantes comme une éponge : à son retour au nid, ses petits « tètent » le duvet gorgé d'eau !

**Plus sobre** que le dromadaire !

Son estomac contient une réserve de 4 l d'eau.

## L'addax

Sahara

C'est **l'antilope la mieux adaptée au désert**. À l'aube, pour assurer sa ration quotidienne d'eau, elle se nourrit de plantes tendres gorgées d'humidité nocturne. Mais elle peut aussi parcourir plus de 100 km vers un lieu où il vient de pleuvoir, guidée par son odorat hors pair !

### LE DROMADAIRE : VAISSEAU DES SABLES

Pour vivre dans les déserts d'Afrique et du Moyen-Orient, il s'est parfaitement adapté.

# AU SOMMET DU MONDE

**Plus on s'élève, plus les conditions de vie deviennent difficiles : en moyenne, la température baisse de 1 °C tous les 100 m, et l'oxygène devient plus rare...**

## EN VOL : AUX LIMITES DE LA VIE

**Difficile de déterminer des limites précises pour les oiseaux : on en a observé à certaines altitudes... Mais rien ne les empêche de monter un tout petit peu plus haut !**

### MYSTÈRE ET BALLON-SONDE

Les scientifiques envoient des ballons-sondes météorologiques dans la **stratosphère** (la très haute atmosphère, entre 15 et 50 km d'altitude). Une fois redescendus, ces ballons révèlent parfois la **présence de bactéries** : de simples cellules que l'on rencontre partout sur la Terre. Sans conteste, il s'agit là de la plus haute vie connue. Pour certains, ces micro-organismes proviendraient de la Terre elle-même. Pour d'autres, ils arriveraient de **l'espace**...

*On le rencontre aussi dans les Alpes.*

### Le chocard à bec jaune

**Europe, Asie**

C'est **l'oiseau qui niche le plus haut**. Dans l'Himalaya, on trouve son nid jusqu'à 4 900 m. Peu farouche, il vient souvent rôder autour des alpinistes, en quête de nourriture. C'est aussi un excellent voltigeur, qui se laisse tomber en chute libre sur des centaines de mètres, en jouant à se redresser au dernier moment.

### L'oie à tête barrée

**Asie, Europe**

Cette petite oie, qui pèse de 2 à 3 kg, est **l'oiseau migrateur qui vole le plus haut**. Elle survole aisément l'Himalaya et pourrait même dépasser les 10 000 m. À cette altitude, pour profiter des moindres molécules d'oxygène, elle respire une fois par seconde et son cœur bat 400 fois par minute.

*Deux lignes noires barrent sa tête blanche, au niveau de l'œil et de la joue.*

### POURQUOI SI HAUT ?

Pour un oiseau, le vol à haute altitude offre plusieurs avantages :

- **Moins de forces de frottement** sur les ailes, d'où une économie d'énergie.
- **Moins de perturbations atmosphériques** (vents, chaleur, nuages) susceptibles de gêner le vol ou l'orientation.
- **Plus de fraîcheur**, pour réduire la température interne et perdre moins d'eau.

# EN MONTAGNE : ISOLÉS AUX SOMMETS

**Les sommets sont un peu comme des îles. Ils ne sont pas entourés d'eau, mais de vallées inaccessibles aux animaux qui ne sont pas adaptés à l'altitude.**

## Le léopard des neiges

Asie

**Le félin qui vit le plus haut** se rencontre dans les montagnes au-dessus des forêts. Son pelage est épais et laineux. Ses pieds larges sont isolés de la neige par des poils denses qui lui permettent de circuler sans bruit entre les rochers… avant de sauter sur les mouflons et les bouquetins !



## Le yak

Asie

C'est **le bovidé que l'on rencontre aux altitudes les plus élevées**. Il possède un sous-poil dense recouvert d'un manteau de poils laineux. Le yak sauvage ne survit plus que dans quelques régions reculées. La forme domestique est beaucoup plus répandue : les Tibétains ont apprivoisé le yak il y a plus de 2 000 ans. Lorsqu'il accompagne les hommes, il grimpe jusqu'à 7 200 m !

## L'urial

Asie

Ce mouflon est **le capriné qui vit le plus en altitude**. L'été, il grimpe très haut dans l'Himalaya pour brouter l'herbe abondante. L'hiver, il se contente de tous les végétaux qu'il trouve, plantes vénéneuses comprises !

# DANS LES ABYSSES

**À partir de 600 m sous l'eau, la lumière ne pénètre plus. Commence un monde de silence et d'obscurité, sous une pression écrasante. Pourtant, même dans la fosse des Mariannes dans le Pacifique, l'endroit le plus profond du globe (– 11 034 m), la vie ne s'arrête jamais…**

## ILS PLONGENT PROFOND

**Dotés de poumons, ces animaux ont besoin de venir respirer à la surface. Mais ils s'enfoncent aussi dans les profondeurs pour aller chasser.**

### CONCOURS DE PLONGÉE

- **Grèbe huppé** : 41 m
- **Canard harelde** : 60 m
- **Morse** : 75 m
- **Loutre de mer** : 90 m
- **Homme** (en apnée) : 162 m
- **Manchot empereur** : 250 m
- **Homme** (avec bouteilles) : 500 m
- **Rorqual** : 500 m
- **Phoque de Weddell** : 600 m
- **Tortue luth** : 1 000 m
- **Éléphant de mer** : 1 200 m

### Le globicéphale

**Mers tempérées**

Le **dauphin qui plonge le plus profond** se nourrit surtout de calmars, qu'il lui faut parfois aller chercher très loin. Bâtis pour résister à une forte pression, ses poumons sont protégés par des anneaux de cartilage. Il les vide aux trois quarts avant de plonger.

*Adulte, le mâle atteint 6 m et pèse plus de 3 t.*

**Plongée : 600 m**

### Le cachalot

**Tous les océans**

C'est **le mammifère qui détient le record de plongée**. Il est capable de subir une pression énorme qui comprime et déforme son corps de géant (15 m de long pour 50 t). En plongée, son organisme se met au ralenti, et il peut rester plus d'une heure sous la surface, avant de ressurgir à quelques mètres de son point de départ. À cet instant, on peut entendre son souffle à 10 km !

**Plongée : 3 000 m**

*Après avoir respiré, il replonge à la verticale, à la vitesse de 120 m/min.*

# ILS VIVENT AU FOND

**Si l'on plongeait un éléphant à ces profondeurs, la pression l'aplatirait comme une crêpe ! À l'inverse, les animaux des profondeurs ne supportent pas d'être remontés : ils meurent en quelques heures.**

## AUX SOURCES DE LA VIE

À **2 500 m sous la mer**, des sources brûlantes (jusqu'à 380 °C) jaillissent des entrailles de la Terre. Là, prospèrent des colonies animales exubérantes : **vers immenses**, **moules géantes**, **crabes blancs**, **anémones**... Ces « oasis » sous-marines existent grâce à des bactéries capables de se nourrir des rejets de gaz et de minerais, et qui constituent le premier maillon de la chaîne alimentaire.

Profondeur :
5 000 m

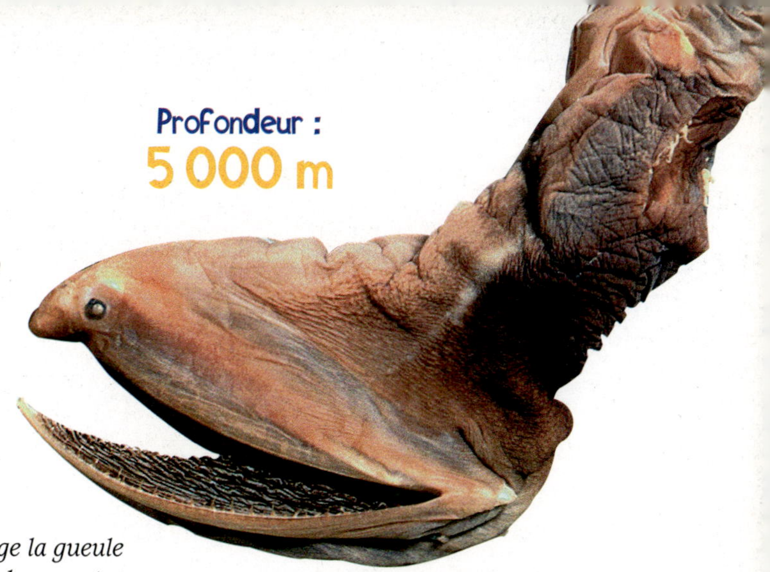

*Il nage la gueule grande ouverte, prêt à tout engloutir.*

## Le grandgousier

**Monde entier**

Ce poisson abyssal carnivore, qui peut atteindre 2 m de long, est **le plus vorace par rapport à sa taille**. Son énorme gueule se désarticule, et son estomac extensible lui permet d'avaler une proie... plus grosse que lui !

## Le poisson hache

**Monde entier**

C'est un des poissons abyssaux les plus communs, et aussi **l'un des plus impressionnants**. Son corps très plat est équipé de cellules luminescentes, et ses gros yeux lui servent à repérer la lueur de ses congénères. Quant au poisson qui vit le plus profond, il s'agirait du bassogigas, observé à 8 366 m dans la fosse de Porto-Rico. Il mesurait environ 30 cm de long, et semblait aveugle. Mais il n'en existe aucune photographie !

Il a été observé jusqu'à
3 870 m.

*Surprise : il ne mesure que 8 cm de long !*

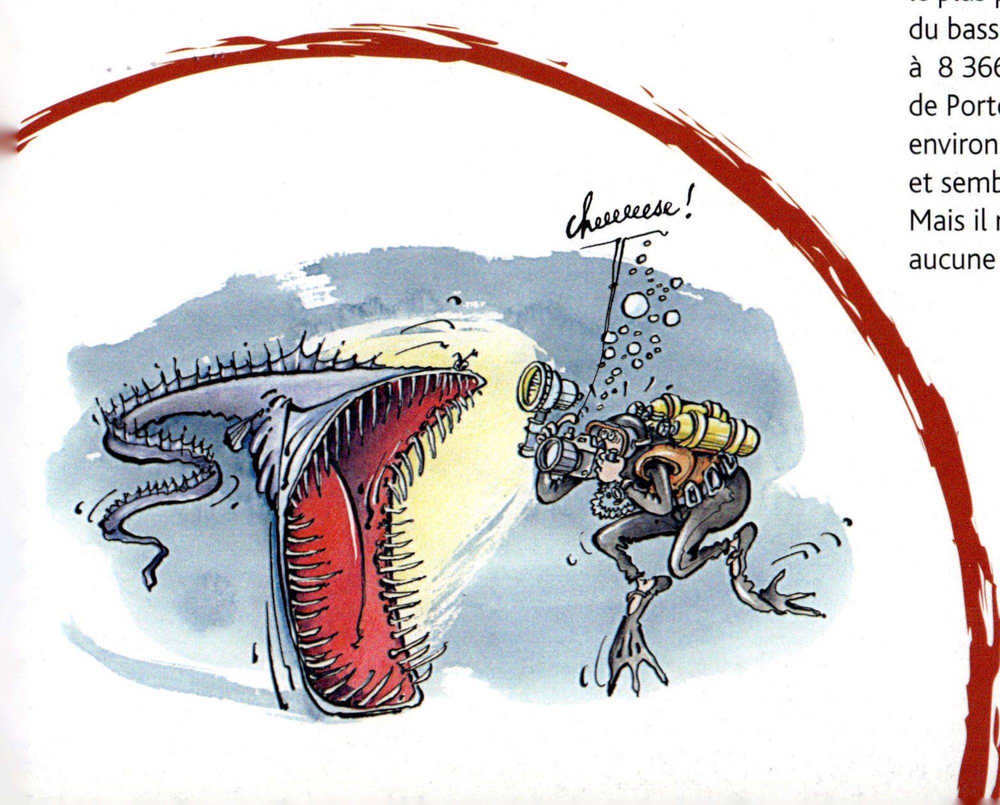

# UNE GROTTE POUR REFUGE

**Au-delà de10 m de l'entrée d'une grotte, il n'y a déjà plus de lumière et donc plus de plantes. Dans ce milieu très pauvre, la nourriture est rare et les espèces animales sont peu nombreuses.**

## LES TROGLODYTES S'ABRITENT

En venant dormir, hiberner ou nidifier dans les grottes, ils apportent des matières organiques précieuses aux habitants permanents des lieux.

### Le guacharo

*La nuit, il peut parcourir 80 km pour aller se nourrir.*

**Amérique du Sud**

C'est **l'oiseau qui niche le plus profondément dans les cavernes**. On le rencontre en grandes colonies dans certaines grottes tropicales. Malgré ses 1,10 m d'envergure, il peut voler dans l'obscurité, en émettant des cris aigus dont il repère l'écho avec un radar. Avec ses excréments, mélangés à des graines de palmier, il construit ses nids dans les grottes.

### Le grand fer-à-cheval

**Europe, Asie, Afrique du Nord**

Partout dans le monde, les chauves-souris sont **les plus nombreuses visiteuses des grottes**. Comme toutes les autres, le grand fer-à-cheval ne fait que s'y abriter, et sort la nuit pour chasser sa pitance d'insectes volants. Il dort toute la journée, la tête en bas, bien à l'abri des prédateurs.

*Pourvues de 4 paires de muscles, ses ailes lui permettent d'exécuter des acrobaties.*

Il se guide dans le noir grâce aux **ultrasons**.

### PETITS PROFITEURS

Il y a peu de choses à manger dans les grottes. Le vent apporte des feuilles mortes, et les eaux ruisselant de la surface quelques débris organiques... Mais surtout, il y a les **déjections des oiseaux et des chauves-souris**, qui forment des tas énormes ! **Une aubaine pour une quantité de petits invertébrés** (bousiers, mille-pattes...) et leurs prédateurs (araignées, scorpions...). La plupart de ces animaux sont aveugles, mais très sensibles aux moindres vibrations du sol et de l'air.

*Les araignées cavernicoles ont de très grandes pattes, pour ne pas s'enfoncer dans le sol humide.*

# LES TROGLOBIES VIVENT DANS LA NUIT

**Tout le cycle de leur existence se déroule dans les profondeurs. Ces animaux sont même parfois si spécialisés qu'ils ne sont connus que dans une seule grotte et ne pourraient survivre dans aucune autre !**

*Ses branchies, rouge vif, sont déployées en plumeaux.*

## L'axolotl

**Mexique**

C'est peut-être **le plus étrange des animaux des grottes**. Cette salamandre cavernicole aveugle demeure toute sa vie au stade de larve. Comme un énorme têtard (20 cm de long), l'axolotl ne possède pas de poumons, mais des branchies. Ainsi, il demeure sous l'eau et n'affronte jamais le gel.

## La crevette niphargus

**Monde entier**

**La plus résistante des crevettes** se nourrit de débris organiques, et une expérience a prouvé qu'elle peut survivre à 200 jours de jeûne. Comme chez la plupart des animaux troglobies, son corps ne sécrète pas de pigments. Prisonnière du milieu souterrain, elle redoute la lumière dont l'intensité la tuerait.

*Elle ne mesure que 1 cm de long.*



### MOVILE : LA GROTTE HORS DU TEMPS

En juin 1986, un spéléologue roumain découvre une grotte à 25 m de profondeur sous un plateau calcaire. Là, dans une atmosphère nauséabonde et très pauvre en oxygène, vit un écosystème complet : bactéries, araignées, gastéropodes, sangsues, nèpes, collemboles... En tout, **32 espèces** ne dépendant pas du tout de l'énergie solaire. Incroyable : tous ces animaux sont des rescapés de la préhistoire, coupés du monde extérieur depuis exactement... **5,2 millions d'années** ! Depuis, les scientifiques du monde entier viennent à Movile pour y étudier **les secrets de l'évolution**.

## Le poisson aveugle

**Mexique**

Cette espèce de 9 cm de long est **le poisson le mieux adapté aux eaux souterraines**. Dépourvu de pigments, son corps est pâle et translucide. Aveugle, il se faufile pourtant entre les obstacles et chasse de minuscules crevettes grâce à sa sensibilité aux odeurs et aux vibrations.

*Les jeunes possèdent des yeux qu'ils perdent rapidement.*

# 3 • À CHACUN SON NID

POUR S'ABRITER DES INTEMPÉRIES, SE REPRODUIRE OU ÉCHAPPER AUX PRÉDATEURS, LES ANIMAUX ONT SOUVENT BESOIN D'UN ABRI. DEPUIS LE TAS DE BRINDILLES JUSQU'AUX CATHÉDRALES D'ARGILE, LEUR INGÉNIOSITÉ EST SANS LIMITES...

## TOUT UN MONDE !

Chaque arbre de la forêt tropicale abrite des dizaines d'espèces animales. **Oiseaux**, **grenouilles**, **serpents**, **singes**, **petits mammifères**... se partagent tous les niveaux. La plupart ne descendent jamais au sol ! Certains se nourrissent de végétaux, d'autres chassent... Leur menu favori ? Les **milliers d'insectes** qui abondent jusqu'à la cime, à près de 60 m de haut (soit un immeuble de 18 étages).

*Chaque soir, dans un grand vacarme de branches cassées, l'orang-outan construit un « nid-plate-forme » perché dans les arbres entre 30 et 40 m de hauteur. Il ne sera utilisé qu'une seule fois et reconstruit ailleurs le lendemain.*

# CITÉS D'INSECTES

**Un par un, ils ne sont rien. Ensemble, certains insectes forment des sociétés incroyables. Ces « machines à coloniser » construisent des villes entières…**

## LES FOURMIS : S'ADAPTER À TOUT

**La plupart des 12 000 espèces de fourmis connues vivent dans le sol. D'autres ont mis au point diverses stratégies de conquête…**

### LA GALAXIE FOURMI

Entre fourmis de la même espèce, il arrive que les nids communiquent. C'est le cas de la **fourmi *Linepithema***. Originaire d'Argentine, elle est arrivée par accident dans les Alpes vers les années 1980, et colonise un territoire chaque jour plus vaste.
En 2004, les millions de nids reliés entre eux s'étendent déjà sur… **5 800 km**, de l'Italie à l'Espagne en passant par le sud de la France. C'est à ce jour **le plus grand réseau animal connu**.

*Souvent, le dôme est bâti à partir d'une vieille souche.*

### La fourmi rousse

**Europe, Asie**

C'est **la fourmi qui élève la plus haute construction** : un tas d'aiguilles et de brindilles dans les forêts de conifères. Ce toit protège l'entrée du nid et maintient à l'intérieur une température constante. Le nid lui-même s'étend sous terre : un dédale de galeries et de chambres pouvant atteindre 15 m de diamètre et 6 m de profondeur.

### La fourmi tisserande

**Forêts d'Asie**

**La plus ingénieuse des fourmis** construit son nid à partir de feuilles fraîches. Les bords sont rabattus avant d'être reliés ensemble par des fils de soie produits par… une larve de la même espèce, que les ouvrières pressent entre leurs mandibules et font circuler comme la navette d'un tisserand !

*Fil après fil, la feuille est repliée pour former un espace clos.*

### NID EXPRESS

La **fourmi magnan** d'Afrique n'a pas de domicile fixe. Après 20 jours de voyage environ, la colonie s'arrête et bâtit un nid temporaire, où elle restera 17 jours, le temps que la reine ponde. Pour former le nid, quelques soldats commencent par s'accrocher à un tronc en tenant la reine. D'autres les rejoignent et s'enchevêtrent autour, formant une « boule » vivante hérissée de mandibules redoutables, qui peut contenir **500 000 individus**…

# LES TERMITES : RECORD ABSOLU

**On les distingue à des kilomètres : dressés dans la savane, ces incroyables gratte-ciel de terre sont parfois habités depuis plus d'un siècle.**

## Le termite Macrotermes

**Afrique, Sud-Est asiatique**

**C'est la plus haute construction animale** : à notre échelle, elle dépasserait 5 km ! Les ouvriers utilisent de l'argile mêlée de sable et de salive, formant un « béton » très résistant. Mais la tour n'est que la partie visible du nid. Tout autour, s'étend un labyrinthe de galeries : en zone tropicale, on recense jusqu'à 10 000 termites par $m^2$ au sol.

*La reine peut pondre 30 000 œufs par jour*

## TOUS LES STYLES

- En Afrique, les **Cubitermes** construisent un ou plusieurs chapeaux coniques pour protéger le « bâtiment » des pluies diluviennes.

- En Amérique du Sud, les **Bellicositermes** construisent leur nid en hauteur, autour d'une branche.

## Le termite Amitermes

**Australie**

Dans le désert, cette espèce construit **de hautes citadelles étroites en forme de lames**. Elles sont toutes orientées dans le même sens, avec les flancs exposés au nord et au sud. Ainsi, les rayons du soleil (qui passe d'est en ouest) ne les frappent jamais directement et ne surchauffent pas l'intérieur de la termitière…

*On les appelle aussi « termitières boussoles ».*

# LES ABEILLES : GÉOMÉTRIE PARFAITE

**Il en existe 22 000 espèces, dont 1 000 environ vivent en société. Pour stocker miel et pollen ou abriter leurs larves, elles utilisent l'espace comme personne !**

*L'abeille produit de la cire avec des glandes situées sous l'abdomen.*

## L'abeille domestique

**Monde entier**

**La plus connue des abeilles** l'est d'abord pour son miel. Mais bien plus précieux encore, elle assure la pollinisation d'innombrables plantes sauvages et cultivées. Dans la nature, l'essaim s'installe de préférence à l'intérieur d'un vieil arbre. Là, les ouvrières fabriquent une ruche composée de plusieurs rayons verticaux, recouverts chacun de milliers d'alvéoles de cire tous bâtis sur le même modèle.

*L'épaisseur des parois des alvéoles varie au maximum de 0,002 mm.*

Population maximale d'une ruche :
**80 000 individus**

### PROFIL IDÉAL

Ronde au départ, la **cellule** de l'abeille se déforme automatiquement quand plusieurs cellules sont accolées les unes aux autres. Cette **structure hexagonale** (à 6 côtés), appelée tout simplement « nid-d'abeilles », a été largement copiée dans l'industrie humaine. Elle permet d'obtenir la plus grande surface utile et la plus grande résistance avec le minimum de matériel et d'énergie. En plus, elle absorbe les chocs et résiste bien à la déformation.

*Avec seulement 20 g de cire, les alvéoles retiennent 1 kg de miel.*

# LES GUÊPES : PAPIER MÂCHÉ

**Les plus évoluées d'entre elles façonnent des merveilles de nids dans une matière isolante et légère : le papier.**

## Le frelon

**Europe, Amérique, Asie**

**La plus grande guêpe d'Europe** construit son nid au mois de juin, en triturant des fibres de bois mélangées à de la salive. La reine construit seule la première enveloppe. Puis elle y pond des œufs qui donneront des ouvrières, démarrant une colonie qui pourra atteindre 5 000 ou 6 000 individus, dans un nid devenu énorme, mais très léger.

*Le frelon mesure de 2 à 3 cm. Il peut voler à 20 km/h.*

Le plus gros nid connu mesurait **1,40 m de diamètre**.

*Le guêpier peut être accroché dans un tronc d'arbre ou dans le creux d'un vieux mur, niché dans le sol ou suspendu au bord d'une toiture.*

## La guêpe potière

**Monde entier**

Cette guêpe solitaire construit **un des nids les plus simples**. Il n'est constitué que d'une seule cellule en forme de pot arrondi. À l'intérieur, l'œuf est suspendu par un fil élastique, au-dessus de chenilles paralysées, mais vivantes. Une fois éclose, la larve n'a plus qu'à plonger et mordre.

## La guêpe Polybia

**Afrique, Amérique du Sud**

Elle forme **les colonies les plus peuplées**, jusqu'à 200 000 individus. Son nid, construit avec des boulettes d'argile, est souvent suspendu à une solide branche d'arbre. En Amazonie, les jeunes guerriers kayapos doivent cogner dedans d'un coup de poing… et supporter sans broncher les piqûres !

le nid atteint **1,70 m** de haut.

*Durcie avec de la salive, l'argile est très solide.*

*La guêpe glisse les chenilles par l'ouverture au goulot évasé.*

Elle **emmure des proies** vivantes.

# OUVRAGES D'OISEAUX

**Les nids ne sont pas les « maisons » des oiseaux : ils ne les utilisent ni pour dormir ni pour s'abriter. En période de reproduction seulement, ils s'en servent pour pondre, couver et protéger leurs poussins.**

## LES PLUS GROS NIDS : MÉGA-COUVEUSES

Plus l'oiseau est grand, plus grand sera son nid. Mais certains « petits gabarits » construisent aussi des abris démesurés.

### NID RIQUIQUI

**Le plus petit nid d'oiseau** est celui du colibri d'Hélène. Il mesure **3 cm de hauteur pour 2 cm de diamètre**, soit la taille d'un dé à coudre ! Il faut tout de même 3 semaines de travail à la femelle pour réaliser cet ouvrage délicat, fait de lichen, de coton et de toiles d'araignées entremêlés.

### Le républicain social

Afrique du Sud

Ces petits tisserins, qui ressemblent aux moineaux, unissent leurs efforts pour construire un abri géant de brins d'herbe tressés. **Le plus grand nid collectif** peut accueillir 150 couples, possédant chacun une « chambre » avec sa propre entrée. Seul risque : lorsque l'édifice, déjà très lourd, est détrempé par la pluie, il arrive que son poids brise la branche.

*Les chambres vides sont parfois occupées par des perroquets.*

### Le mégapode de Freycinet

Australie, Océanie

La femelle dépose ses œufs dans un monticule géant de terre et de végétaux construit par le mâle, qui empile les matériaux en grattant le sol avec ses pattes.

En pourrissant, ce compost dégage les 33 °C nécessaires à l'incubation. **Le plus gros nid au sol** est aussi le plus lourd. Les oisillons luttent pour s'en dégager. Certains finissent même étouffés !

*Le même nid sert pendant des décennies à plusieurs mégapodes, qui l'agrandissent chaque année.*

## Le pygargue à tête blanche

**Amérique du Nord**

Ce rapace installe un nid sur une corniche rocheuse ou en haut d'un grand arbre. Il l'utilisera pendant toute sa vie (45 ans environ), ce qui explique ses dimensions géantes. Avant chaque ponte, le pygargue restaure l'édifice et y entasse de nouveaux branchages pouvant mesurer jusqu'à 2 m de long. **Les plus gros nids perchés** atteignent 6 m de hauteur !

*C'est l'oiseau symbole des États-Unis d'Amérique.*

*Avec 60 cm de haut, c'est la plus petite des 17 espèces de cigognes.*

## L'ombrette africaine

**Sud du Sahara, Arabie, Madagascar**

Cette cigogne africaine construit **le plus gros nid couvert**. Cette boule de branchages et de boue, installée sur une branche fourchue, demande au couple 6 mois de travail. Un nid impressionnant, mais exigu : la cavité qui sert de logement mesure seulement 30 cm de diamètre !

### SANS NID DU TOUT

- Les **vanneaux** et les **gravelots**, de petits échassiers, se contentent de creuser un léger trou dans le sol.
- La femelle du **guillemot de Troïl**, cousin du manchot, pond sur un escarpement de falaise un unique œuf en forme de poire, qui ne risque pas de rouler.
- Encore plus simple : la **sterne blanche** dépose son œuf... en équilibre sur une branche horizontale, ce qui oblige l'oisillon à peine éclos à se cramponner !

# ARCHITECTES DE GÉNIE

**Le plus commun des nids est déjà une merveille. Mais certains oiseaux utilisent des matériaux et des techniques dignes de vrais artistes !**

## Le pic-vert

**Europe et Asie occidentale**

De nombreux oiseaux nichent dans les trous d'arbres. Mais les pics sont **les seuls vrais « menuisiers »**, creusant eux-mêmes leur nid dans le bois à l'aide de leur bec solide et tranchant. Il faut 2 ou 3 semaines au couple pour percer un trou de 7 cm de long, ouvrant sur une loge où les œufs sont déposés sur un matelas de copeaux de bois.

## La salangane

**Malaisie, Indonésie**

Son nid est unique dans le monde animal. Il est **entièrement fabriqué à partir de salive** ! Au printemps, ce petit martinet niche par milliers dans des grottes. Il est souvent obligé de recommencer 3 fois son ouvrage : récoltés par l'homme, les nids sont vendus 2 000 euros le kilo à Hong Kong pour préparer des soupes.

*Les algues gluantes dont la salangane se nourrit rendent sa salive épaisse et parfumée.*

## CHAUSSETTE SURPRISE !

Chez le tisserin de Cassin, qui vit en Afrique, les mâles découpent de longues lanières de feuilles de palmier qu'ils fixent à l'extrémité d'une branche et qu'ils tressent ensuite en effectuant des nœuds et des lacets compliqués. Ce nid solide et souple est ensuite « visité » par les femelles : si aucune ne le trouve à son goût, le mâle détruit son œuvre et recommence !

*Mesurant jusqu'à 70 cm, le long tube ouvert protège le nid des lézards et des serpents, friands d'œufs.*

*La feuille, toujours accrochée, reste verte et camoufle le nid.*

## La fauvette couturière

Inde, Ceylan

C'est **le plus habile des passereaux**. Elle choisit d'abord avec soin une grande feuille, dont elle troue régulièrement les bords, puis elle l'enroule en cornet et la coud avec de la soie d'araignée, des morceaux de liane ou même de la ficelle chipée aux hommes. Enfin, elle tapisse ce nid avec des matières très douces : laine végétale, brins d'herbe tendre...

### UN NID POUR SÉDUIRE

Les 18 espèces d'**oiseaux-jardiniers** d'Australie et de Nouvelle-Guinée ne possèdent pas de plumage chatoyant. Pour courtiser les femelles, **ils construisent de magnifiques « berceaux »**, décorés d'objets aux couleurs vives, particuliers à chaque espèce. Sautillant autour et chantant, le mâle invite la femelle à s'accoupler... après quoi elle ira construire un autre nid tout simple pour y élever seule ses petits.

*Le nid fermé offre une bonne protection contre le soleil, la pluie... et les regards indiscrets.*



## Le fournier roux

Amérique du Sud

C'est **le meilleur « potier »**. Lorsque la pluie détrempe le sol de la pampa, le couple se met au travail : pour construire leur nid en forme de four, les fourniers transportent puis modèlent plus de 2 000 boulettes de boue. Le nid achevé comprend 2 pièces : un sas de sécurité, puis une chambre d'incubation.

# ABRIS DE MAMMIFÈRES

**La plupart des mammifères se contentent, en cas de besoin, de se réfugier dans des cavités ou des abris naturels. Quelques-uns fabriquent pourtant des constructions immenses, sous la terre ou dans l'eau…**

*Le castor mesure 1,20 m et pèse 30 kg.*

## Le castor

**Amérique, Europe**

Il vit en famille dans un grand « igloo » de bûches cimentées de boue, dont l'entrée est cachée sous l'eau. Pour maintenir un niveau d'eau constant à toutes les saisons, le castor abat des arbres et élève des barrages de rondins : ce sont **les plus importantes constructions animales**. Au Canada, cela fait des siècles que les castors régulent ainsi le cours de certaines rivières !

*Sous l'eau, l'entrée est protégée des ennemis et du gel de l'hiver.*

*Les plus grandes huttes font 12 m de diamètre.*

*Les rondins peuvent atteindre 60 cm de diamètre.*

### À MINI-RAT… MINI-NID !

Le minuscule rat des moissons (il pèse 4 g) vit dans les champs d'Europe et d'Asie. Il construit en 5 à 10 heures un abri pas plus gros qu'une balle de tennis : c'est **le plus petit nid de mammifère**. Perché à 50 cm du sol, il est tressé avec les feuilles de la plante qui le soutient : ainsi, le camouflage est parfait. À l'intérieur, un tapis de mousse est prêt à accueillir 5 ou 6 petits qui y grandiront… en 15 jours !

# SOUS LA TERRE

**Pour un mammifère, un terrier est un refuge idéal : la température y est constante, et on y trouve plein de vers de terre à manger !**

## Le chien de prairie

**Amérique du Nord**

Dans les plaines, il construit **les plus grands réseaux souterrains** : d'énormes terriers appelés « villages », divisés en quartiers, puis en familles. Aujourd'hui, les plus grands s'étendent sur quelques dizaines d'hectares. Mais au XIXe siècle au Texas, on a calculé qu'une colonie, estimée à 45 millions d'individus, couvrait un territoire de 65 000 km², soit 2 fois la Belgique.

*La sentinelle surveille : en cas de danger, elle aboie pour prévenir les autres.*

### LE PLUS RAPIDE

Avec ses griffes puissantes, l'**oryctérope d'Afrique** gratte les parois des termitières pour faire sortir les insectes. Cet animal nocturne peut aussi creuser **en moins de 5 minutes** un terrier de 2 m de long, dans lequel il passe les heures chaudes de la journée. Nomade, il abandonne ensuite l'abri… aussitôt récupéré par un serpent, un rongeur ou même un léopard.

*Presque aveugle, elle est très sensible aux vibrations du sol.*

## La taupe

**Europe, Asie, Amérique**

C'est **le mammifère le mieux adapté à la vie souterraine**. Son petit corps (13 cm de long) est cylindrique, et ses larges mains ont une forme de pelle. Très active, la taupe alterne sans arrêt périodes de chasse (4 h) et de repos (3 h). Son territoire s'étend sur 300 à 1 000 m², parsemés de « taupinières », des monticules de terre signalant les cheminées d'aération des galeries.

*Il peut atteindre 1 m avec la queue.*

## Le blaireau

**Europe, Asie, Amérique**

Il possède **le plus grand terrier d'Europe**. Abritant plusieurs familles, et agrandi au fil des générations, il peut atteindre 5 m de profondeur et 100 m de diamètre ! Dans ce dédale de galeries, le blaireau tolère parfois que des renards et des lapins s'installent en « squatters »…

# 4 • LIBRES COMME LE VENT

LES ANIMAUX NE CONNAISSENT AUCUNE FRONTIÈRE. SAISON APRÈS SAISON, UN IMPÉRIEUX BESOIN DE SE NOURRIR, DE SE RÉCHAUFFER OU DE SE REPRODUIRE LEUR FAIT PARCOURIR DES DIZAINES DE MILLIERS DE KILOMÈTRES. SUR TERRE, DANS LA MER OU LE CIEL, ILS SUIVENT ALORS DES PISTES QUI DEMEURENT EN GRANDE PARTIE MYSTÉRIEUSES...



### TOUJOURS PLUS HAUT !

L'activité humaine réchauffe lentement le climat de la planète. Certaines espèces ont déjà modifié leurs habitudes.

- Le **guêpier d'Europe**, qui vivait autrefois en Méditerranée, **se rencontre désormais jusqu'en Scandinavie**.
- La **couleuvre verte et jaune** se rencontre depuis quelques années seulement **au nord de la Loire**.
- Certains **moustiques d'Afrique** arrivent **en Europe**.
- L'**apollon**, un papillon alpin datant de l'ère glaciaire, **monte de plus en plus haut** pour trouver de l'air frais.

*Les oies sauvages, quelle que soit leur espèce, sont de grandes migratrices. Pour voler, elles adoptent souvent une formation en « V ». La turbulence créée par les ailes des oiseaux de tête permet aux suivants de profiter d'un appel d'air favorable. Les oies se relaient régulièrement, pour se reposer tour à tour.*

# PASSAGERS DU CIEL

**80 % des 9 700 espèces d'oiseaux migrent. L'été, ils nichent au nord, où la nourriture est abondante. Puis à l'automne, 10 milliards de voyageurs prennent les routes du sud…**

## L'INSTINCT DU VOYAGE

**L'horloge interne de certains oiseaux est si précise qu'ils partent et arrivent à peu près à la même date chaque année.**

*Silhouette fine et ailes pointues : c'est un excellent « voilier ».*

Migration annuelle : 36 000 km

### La sterne arctique

Cette cousine des mouettes effectue **le plus long voyage** : nichant au pôle Nord, elle traverse le globe à l'automne pour hiverner autour du pôle Sud. En passant de l'été boréal à l'été austral et réciproquement, elle parcourt une distance équivalant au tour de la Terre, et bénéficie tout au long de l'année du maximum de lumière.

### L'ODYSSÉE DU PAPILLON MONARQUE

- 3 500 km : c'est **la plus longue migration d'un insecte**. À la fin de l'été, la dernière génération, née au bord des Grands Lacs d'Amérique du Nord, s'envole vers le sud (à 32 km/h en moyenne, en profitant du vent).
- Arrivés au Mexique, les papillons passent 5 mois en semi-hibernation, agglomérés dans les arbres, dont ils peuvent faire ployer les branches (chaque insecte ne pèse pourtant que 0,5 g) !
- Après qu'ils se sont reproduits au printemps, une nouvelle génération entame la remontée vers le nord, que 3 ou 4 autres générations poursuivront avant d'arriver au but.

*Incroyable : un même individu ne fait jamais le voyage aller-retour, et pourtant, les papillons s'arrêtent toujours aux mêmes endroits, voire sur les mêmes arbres !*

*Ailes déployées, elle se laisse porter par les vents.*

## La cigogne blanche

Début septembre, 550 000 cigognes quittent l'Europe. Après 80 jours de vol, **la plus célèbre des migratrices** parvient au sud du Sahara. Elle en repart à la mi-février : les mâles arrivent chez nous les premiers pour réparer le nid haut perché auquel le couple reste toujours fidèle.

**Migration annuelle :**
**23 000 km**

*De 15 000 à 20 000 oiseaux hivernent sur les côtes françaises.*

## Le bécasseau maubèche

Le plus grand des bécasseaux vit en bandes gigantesques comptant plusieurs dizaines de milliers d'individus. C'est aussi **le plus grand migrateur des oiseaux de rivage**. Nichant en Arctique et au Canada, il emprunte de multiples trajets, survolant les mers ou longeant les côtes, pour passer l'hiver en Australie, en Amérique du Sud ou en Europe.

### PÉRILLEUX PÉRIPLE

Une hirondelle sur deux ne survit pas à **la migration**. Pour toutes les espèces, c'est **une aventure dangereuse**. Une tempête peut épuiser les oiseaux, des prédateurs peuvent attaquer les plus faibles... Mais le grand responsable, c'est l'homme : il fait disparaître les marais et les forêts, provoque des marées noires, construit des lignes à haute tension (7 décès sur 10 chez les cigognes)... Enfin, les chasseurs font d'innombrables victimes : 5 millions rien que pour les palombes chaque année en France.

## La buse de Swainson

Cet oiseau est **le champion des rapaces migrateurs**. Après avoir passé l'été dans les grandes prairies d'Amérique du Nord, la buse migre par petits groupes jusqu'à la Pampa argentine. Comme les aigles, c'est un oiseau au vol puissant et soutenu. Mais, pour économiser de l'énergie, elle plane grâce aux courants d'air chaud qui se forment au-dessus des terres.

*Elle mesure 1,30 m d'envergure.*

**Migration annuelle :**
**de 12 000 à 24 000 km**

# VOYAGEURS DES MERS

**Dans ce royaume liquide, en perpétuel mouvement, poissons et mammifères marins parcourent des distances impressionnantes. La plupart des requins ne s'arrêtent même jamais de nager, de leur naissance jusqu'à leur mort !**

## DES CHEMINS SOUS L'EAU

**Courants, reliefs des fonds et des côtes sont autant de repères que suivent les animaux marins lors de leurs voyages…**

Elle parcourt jusqu'à **3 000 km** vers sa plage natale.

*Elle peut mesurer 1,50 m et peser 140 kg.*

### La tortue caouanne

**Océans tempérés et tropicaux**

C'est **la tortue la plus voyageuse**. On la rencontre dans les courants marins chauds, à la poursuite de ses proies préférées, les méduses. Lorsqu'elle atteint l'âge de se reproduire (entre 20 et 30 ans), elle rejoint la plage où elle est née. Comment la retrouve-t-elle ? Mystère…

### DE PLUS EN PLUS LOIN

Depuis toujours, des **tortues vertes** partent des côtes brésiliennes pour aller pondre sur les plages de l'île de l'Ascension, perdue dans l'océan Atlantique. Lorsque cette espèce de tortue est apparue, il y a des millions d'années, l'île était bien plus proche. Puis elle s'est lentement éloignée… et les tortues marines parcourent désormais **1 500 km** pour l'atteindre.

### La langouste américaine

**Caraïbes**

Habituellement solitaire, elle forme à l'automne de longues colonnes de centaines d'individus. Chaque langouste pose ses antennes sur le dos de celle qui la précède. C'est **le crustacé qui effectue les plus longues migrations**. Quittant les eaux agitées de Floride, elle mettra plusieurs semaines à atteindre celles, plus calmes, des Bahamas, à la vitesse de… 1 km/h.

La file peut atteindre **100 m de long.**

*Ensemble, elles résistent mieux aux courants sous-marins.*

## Le saumon de l'Atlantique

Europe, Amérique du Nord, Atlantique Nord

**Le plus célèbre migrateur des rivières** passe en eau douce ses 2 ou 3 premières années. Il gagne ensuite la mer, jusqu'à la côte ouest du Groenland. Là, le saumon grandit encore 3 ans, avant de reprendre le chemin de sa rivière natale, qu'il retrouve à l'odeur. Effectuant son long voyage sans manger, il remonte le courant, et meurt d'épuisement après avoir pondu ses œufs.

### AUTO-STOPPEUR

Pour voyager sans se fatiguer, le **rémora** a trouvé la solution : doté d'une ventouse très puissante sur la tête, **ce poisson se colle à un plus gros** et plus puissant que lui. Thons, requins, raies manta ou baleines transportent régulièrement cet hôte indésirable qui, en guise de remerciement, leur laisse… un beau suçon !

## L'anguille



Europe, Amérique, océan Atlantique

C'est l'**un des plus étonnants poissons voyageurs**. Partie à l'état de larve de la mer des Sargasses, dans l'océan Atlantique, l'anguille se métamorphose au cours du long voyage qui la conduit en 1 à 3 ans jusqu'aux rivières d'Amérique ou d'Europe. Le mâle y restera 10 ans et la femelle 20 ans. Après quoi ils reviendront se reproduire, puis mourir dans les eaux des Sargasses.

### LA BALEINE À BOSSE : GÉANTE DE LA MIGRATION

Elle passe la belle saison à se nourrir de krill dans les eaux polaires, puis part se reproduire dans les eaux chaudes des tropiques. Un long voyage aller de 8 000 km, qui en fait **le plus grand migrateur des mammifères marins**… mais aussi le plus résistant.
Pendant toute la migration, la baleine jeûne, vivant près de 8 mois sur ses réserves de graisses.
Un adulte perd alors jusqu'à 20 tonnes, soit 50 % de son poids !

# VAGABONDS TERRESTRES

**Les habitants des forêts tropicales bougent peu : à quoi bon se déplacer quand on dispose de tout en permanence ? Ailleurs, le rythme des saisons oblige certains animaux à mener une vie nomade…**

## LES NOMADES

**Sans être de vrais migrateurs, ces animaux solitaires peuvent s'aventurer, pour quelque temps, loin de leur territoire habituel.**

*Plus petit que le grizzli, il atteint 215 kg et 1,80 m de long.*

### L'ours baribal

**Amérique du Nord**

Appelé aussi « ours noir », **le plus commun des ours d'Amérique** est herbivore au printemps, et devient omnivore en été pour stocker des réserves de graisses. À la recherche de nourriture, il parcourt alors de grandes distances, de manière totalement imprévisible.

*En pleine course, il peut atteindre 50 km/h*

### LES PISTES DU BISON

Vers 1800, plus de **50 millions de bisons** parcouraient des centaines de kilomètres dans la grande prairie américaine, broutant l'herbe et fertilisant le sol. L'arrivée des colons européens avec leurs fusils fut un désastre : en 1900, il ne restait plus que quelques centaines de bisons ! Aujourd'hui protégés dans des parcs nationaux, les bisons ont vu leur population remonter. Mais **les plus grands troupeaux ne comptent que 2 000 têtes**. Vu du ciel, traversant les champs et les routes, on distingue encore la trace des pistes creusées autrefois par leurs ancêtres.

### Le loup

**Europe, Asie, Amérique du Nord, Proche-Orient**

C'est **l'un des prédateurs terrestres les plus mobiles**. Ultra résistant, le loup peut trotter 10 heures par jour à la recherche de nourriture. Dans les régions enneigées, la meute (entre 8 et 20 individus) avance en file indienne. Pour moins se fatiguer, les loups se relaient en tête de file, ceux de derrière marchant dans les traces du meneur. D'où l'expression « aller à la queue leu leu », *leu* signifiant « loup » en ancien français.

# LES MIGRATEURS

**Dans les savanes, les steppes et les toundras, s'élèvent parfois un grondement sourd et un nuage de poussière : ce sont les grandes migrations animales, toujours spectaculaires !**

*Le gnou fait à peu près la taille d'une vache.*

## Le gnou

**Afrique de l'Est**

Pendant la saison sèche, cette antilope monte dans les forêts d'acacias du Kenya. Puis, quand reviennent les pluies, les gnous s'élancent en masse vers les plaines herbeuses du Serengeti, au nord de la Tanzanie. C'est **la plus longue migration terrestre d'Afrique**. Des fossiles ont prouvé que cela dure depuis au moins… un million d'années !

*La harde parcourt en moyenne 30 km par jour.*

La femelle fait **4 000 km aller-retour** dans la toundra.

## Le caribou

**Amérique du Nord**

Chaque printemps, les femelles partent du nord du Canada et montent dans la toundra arctique pour y mettre bas au début de l'été. Marchant jour et nuit, elles s'arrêtent de temps à autre pour gratter la neige et brouter. Suivie par satellite, une femelle a parcouru 5 055 km en un an : c'est **le record connu pour un mammifère terrestre**.

# GRANDS RASSEMBLEMENTS

**Des milliers, des millions d'animaux rassemblés à perte de vue… C'est un spectacle toujours fascinant. Dommage qu'il s'agisse aussi parfois d'un véritable fléau !**



## RENDEZ-VOUS GÉANTS

**Comme le passage des comètes dans le ciel, certains animaux ont des rythmes étonnants…**

*Il ressemble au campagnol et pèse environ 50 g*

### Le lemming

**Régions arctiques (Europe, Asie, Amérique du Nord)**

Ce petit rongeur vit dans la toundra. Tous les 4 ans, sa population explose : de 1 lemming par hectare, on passe à plus de 200. Plus étrange encore, tous les 32 ou 36 ans, se produit **une surpopulation extraordinaire** : 2 000 individus par hectare ! Par millions, les animaux affamés se mettent alors en route droit devant eux. Face à un lac ou un grand cours d'eau, il arrive que 99 % se noient…

### NUAGE VIVANT

La Tadarida, comme la plupart des chauves-souris, se regroupe dans des grottes pour hiverner et pour élever ses jeunes. Cette espèce forme **les plus grandes colonies de mammifères** : une seule grotte du Texas en abrite environ 20 millions ! À la tombée du jour, toutes s'envolent ensemble pour aller chasser. On dirait un immense nuage de fumée noire…

### La cigale périodique

**Amérique du Nord**

En mai 2004, dans l'est des États-Unis, des milliards de cigales ont surgi… comme en 1987, 1970, etc. Explication ? Pendant 17 ans, la larve du **plus régulier des insectes** demeure dans le sol, se nourrissant de racines. Puis elle remonte à la surface pour achever sa transformation. La cigale adulte vivra 3 semaines. Chaque femelle pond 500 œufs sous l'écorce d'un arbre. Après l'éclosion, les larves tombent et 2 % seulement parviennent à s'enfoncer dans le sol… Prochain rendez-vous en 2021 !

*Troncs et clôtures sont recouverts d'exosquelettes vides et translucides.*

*Le bruit est assourdissant.*

# LES ENVAHISSEURS

**Quand ils sont là, il est déjà trop tard : quelques heures leur suffisent pour dévaster une forêt ou une plantation.**

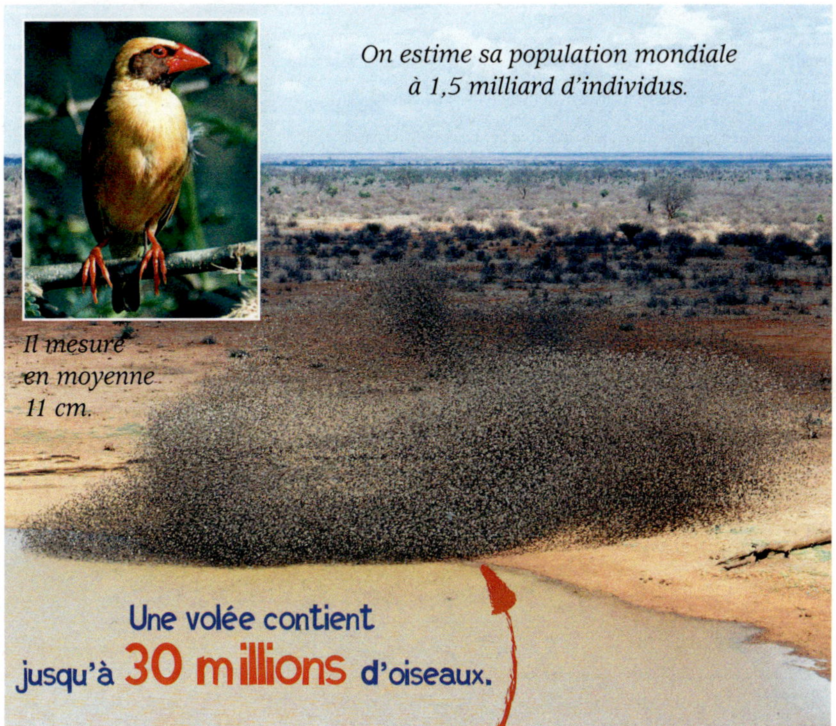

*On estime sa population mondiale à 1,5 milliard d'individus.*

*Il mesure en moyenne 11 cm.*

Une volée contient jusqu'à **30 millions** d'oiseaux.

## Le quéléa

**Afrique**

Ce petit tisserin est **l'oiseau le plus répandu au monde**. Les agriculteurs, qui le redoutent, le surnomment « criquet à plumes ». Très prolifique, l'espèce nidifie en groupe dans les hautes herbes autour des marais ou des points d'eau, avant de partir mener une vie nomade à la recherche de sa nourriture favorite : des champs de céréales !

## Le criquet pèlerin

**Afrique**

Il vit habituellement en solitaire dans les régions sahariennes. Mais quand la pluie et la chaleur se conjuguent, sa reproduction s'emballe : les femelles pondent jusqu'à 200 œufs tous les 6 jours. À la première sécheresse, des ailes poussent aux criquets, qui s'élancent dans le ciel jusqu'à 3 000 m d'altitude, formant **les plus importants essaims d'insectes**.

Un nuage fut estimé à **40 milliards d'insectes**, soit **80 000 tonnes**.

*Le criquet absorbe chaque jour son propre poids de nourriture.*



## La fourmi légionnaire

**Amérique du Sud**

Comme la fourmi magnan en Afrique, elle forme **des colonies immenses** (jusqu'à 1 million d'individus) qui se déplacent en permanence dans la forêt tropicale. Les « soldats » marchent en tête, mandibules en avant. Toutes les créatures qui n'ont pas eu le temps de fuir sont taillées en pièces : insectes, araignées, serpents, mammifères…

*Pour refermer certaines plaies, les Indiens d'Amazonie se font mordre par un « soldat ».*

Une colonne peut atteindre **1 km de long** sur **20 cm de large**.

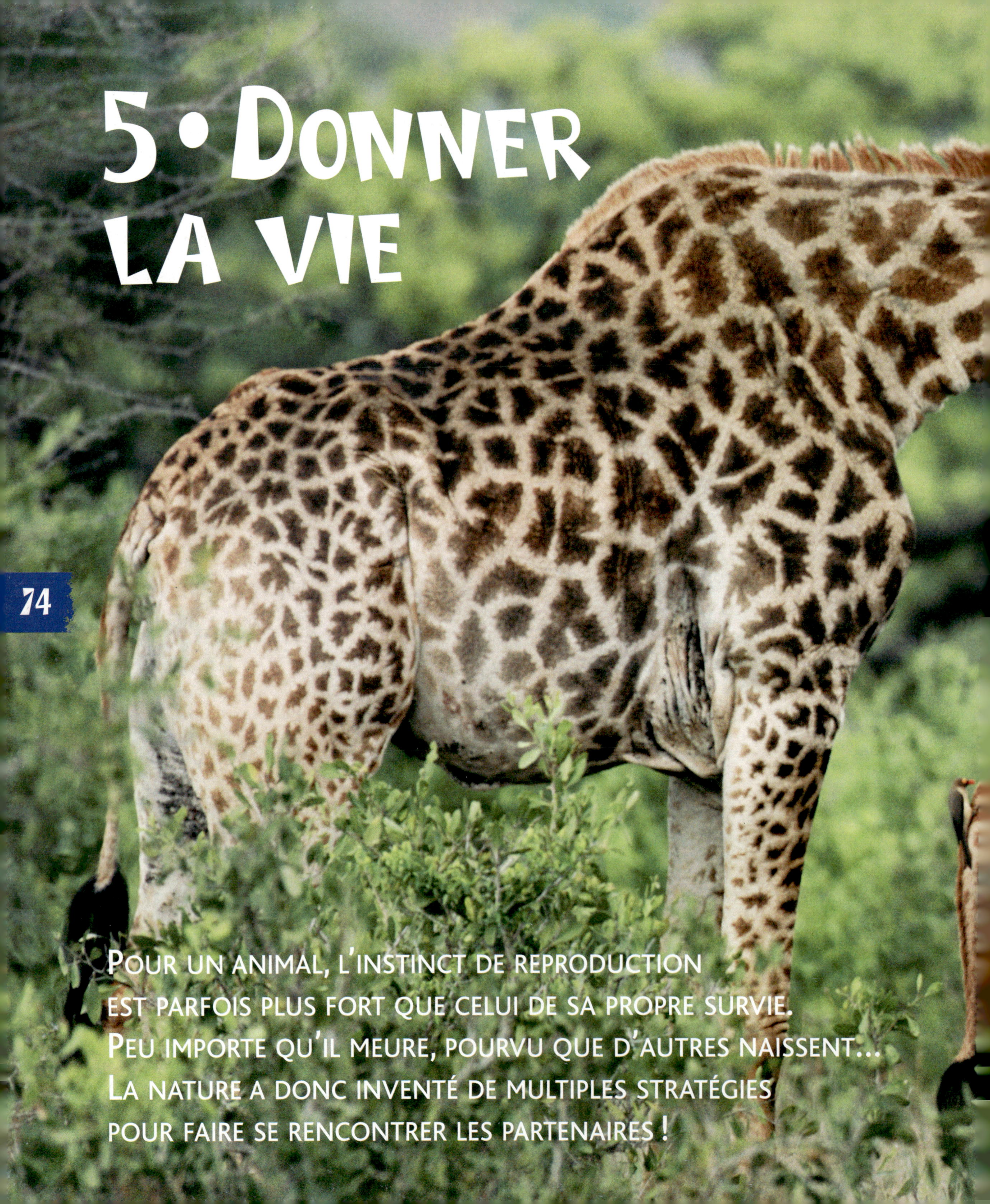

# 5 • Donner la vie



Pour un animal, l'instinct de reproduction est parfois plus fort que celui de sa propre survie. Peu importe qu'il meure, pourvu que d'autres naissent… La nature a donc inventé de multiples stratégies pour faire se rencontrer les partenaires !

## CALCULS VERTIGINEUX

- La **paramécie**, animal unicellulaire, se reproduit par division à une allure phénoménale. En théorie, un seul individu (1 millionième de milligramme) pourrait avoir **1 tonne de descendants en 15 jours**. Si personne ne les mangeait, en 30 jours, leur masse égalerait... celle de la planète !
- Le **lapin domestique** n'a pas volé sa réputation : les 12 couples introduits en 1874 en Australie avaient, en 1949, **une descendance estimée à... 5 milliards d'individus** !

*Le plus haut mammifère accouche debout. Pour venir au monde, le girafon effectue une chute de 2 m de haut, qui le laissera « sonné » pendant parfois une demi-heure, avant qu'il ne se dresse sur ses pattes flageolantes.*

# ATTIRER ET SÉDUIRE

**Presque toujours, c'est le mâle qui courtise la femelle. Attentive, elle assiste aux combats ou admire les parades. Plus le mâle sera beau et fort, plus leurs petits auront de chances de le devenir aussi !**

## ÊTRE LE PLUS FORT

La lutte est quelquefois violente. Mais le plus souvent, le vaincu renonce assez vite. Aucun des deux mâles n'a envie de risquer une grave blessure.

*Chaque printemps, les bois du mâle repoussent plus grands et plus ramifiés.*

### Le cerf élaphe

**Europe, Asie, Amérique et Afrique du Nord**

C'est **le plus spectaculaire combattant** des forêts. À l'automne, chaque mâle réunit autour de lui le maximum de femelles. La concurrence est rude ! Les mâles poussent, tirent, secouent la tête… parfois jusqu'à se briser les bois.

*Le mâle pèse jusqu'à 1,6 t. Son corps est souvent marqué de nombreuses cicatrices.*

### Le kangourou roux

**Australie**

Oreilles rabattues, les mâles se dressent et s'empoignent. Chacun essaye de renverser l'autre. Chez **les meilleurs boxeurs** du monde animal, le combat peut durer 30 min. Parfois, il se termine par un coup de pieds dans le ventre, griffes sorties. Ensanglanté, le vaincu s'enfuit…

*Lors des amours, une poudre rouge suinte de la gorge du mâle.*

### Le narval

**Régions arctiques**

Chez le mâle, une dent s'est transformée en longue défense qui traverse la lèvre supérieure. De mars à mai, ont lieu **les plus terribles combats de la mer** : les rivaux foncent l'un vers l'autre en essayant de se blesser. Pire encore : il arrive que la femelle convoitée soit transpercée !

## ÊTRE LE PLUS BEAU

**Les rois des parades nuptiales sont les oiseaux. Mais leur manège attire aussi les prédateurs. Les femelles ont un plumage plus terne, car leur vie est plus précieuse pour l'espèce !**

*Ce grand oiseau mesure souvent plus de 1m d'envergure.*

### La frégate magnifique

**Oiseau migrateur**

C'est **le plus spectaculaire oiseau marin** ! Pendant la saison des amours, le mâle gonfle la poche située sous sa gorge. Après 10 à 20 jours de parade, une femelle acceptera de venir partager son nid, où elle pondra un œuf unique.

### Le phoque à capuchon

**Atlantique Nord**

Pour attirer le regard des femelles, il possède une membrane flexible qui s'étend des narines au front et se dilate en un instant. Face aux autres mâles, il la dégonfle pour se battre : c'est aussi **le phoque le plus agressif**.

*Le mâle atteint 3 m et 400 kg.*



### Le crabe violoniste

**Rivages tropicaux**

C'est **le crustacé le plus démonstratif** ! Quand une femelle approche, le mâle secoue sa pince géante de haut en bas. Et s'il s'agit d'un rival, il effectue d'autres mouvements qui se veulent menaçants.

*L'autre pince ne mesure que 2 ou 3 cm.*

### Le fou à pieds bleus

**Amérique du Sud, îles Galápagos**

Pour nous, il est sans doute **l'oiseau le plus amusant**. Impossible de ne pas voir ses pieds palmés couleur bleu Schtroumpf ! Et pour que la femelle les remarque encore plus, le mâle les fait claquer sur le sol en rythme.

*Le mâle se dandine autour de la femelle.*

Pour séduire, il fait des claquettes.

# GROS CÂLINS

**Dans la plupart des cas, le mâle cherche à saillir la femelle, une aventure pas toujours facile... Mais l'accouplement peut aussi emprunter des formes plus étranges : la nature a tout prévu !**

*Au repos, le pénis se replie dans une fente située sur l'abdomen.*

Longueur du zizi : **2,60 m**

## MAXI ZIZIS

**La fonction de ce « tuyau » ? Il canalise les spermatozoïdes jusque dans le corps de la femelle.**

### La baleine franche

**Mers froides**

L'accouplement de ces **cétacés géants** nécessite trois partenaires ! Au moment du coït, une autre femelle vient se placer sous la fiancée, lui servant d'appui pour résister au poids du mâle. 11 mois plus tard, naîtra sous l'eau un baleineau pesant... de 2 à 4 t.

### DRÔLES DE ZIZIS

- Le **koala** possède un tout petit pénis de 5 cm. Mais il est surmonté d'**une couronne d'épines**. La douleur déclenche chez la femelle le processus d'ovulation.
- Le mâle de l'**autruche** est trop gros pour monter sur le dos de sa partenaire. Alors, il déploie son pénis, qui peut atteindre **40 cm de long** : c'est le record chez les oiseaux.
- Chez l'**abeille**, le sexe du mâle ne sert qu'une fois. Il est **arraché pendant l'accouplement**, et l'insecte en meurt.
- Le mâle de la **vipère** possède deux pénis, qui surgissent d'une fente en se **retournant comme le doigt d'un gant**.

### L'éléphant d'Afrique

**Afrique**

Pas vraiment étonnant : il est **le champion des animaux terrestres** ! Au sein du clan, une femelle en chaleur déclenche de terribles combats entre mâles. Le vainqueur la chevauchera enfin, en s'accroupissant derrière elle pour soulager le poids sur son dos.

Longueur du zizi : **1,20 m**

*L'accouplement est bref, mais répété plusieurs fois.*

# 1001 MANIÈRES

## Lentement ou à toute allure : à chacun sa façon de faire...

*Seul le mâle porte des cornes.*

Le mâle peut s'accoupler à **20 femelles** par jour.

### L'impala

**Afrique**

Chez ces gracieuses antilopes, l'accouplement dure à peine 1 min. L'objectif du **plus rapide des amoureux** est simple : sur son territoire vit un harem de 20 à 50 femelles. S'il n'est pas assez ardent, elles vont rejoindre un territoire voisin occupé par un mâle rival !

### AMOUR GRACIEUX

Chez la **demoiselle**, cousine de la libellule, mâle et femelle s'accouplent souvent en vol. Ils forment alors un « cœur » quand la femelle recourbe son abdomen pour recueillir la semence du mâle.

### Le bonobo

**Congo**

Ce chimpanzé est **le plus sensuel des primates**. Les adultes font l'amour jusqu'à 3 fois par jour ! C'est leur façon de désamorcer les conflits au sein du clan, qui sont ainsi très rares et jamais violents.

*Souvent, l'accouplement a lieu de face.*

*La femelle pond jusqu'à 5 000 œufs à la fois.*

### Le crapaud vulgaire

**Monde entier**

Une fois l'étreinte commencée, difficile de séparer les deux partenaires ! Mais **le plus long accouplement** ne se déroule pas en continu. En restant accroché, le mâle s'assure simplement qu'il sera présent au moment de la ponte. Dès qu'il sent des contractions chez la femelle, il émet du sperme pour féconder les œufs.



### AMOUR BRUTAL

Mâle et femelle **rhinocéros**, nerveux, commencent par se provoquer, puis chargent, corne en avant ! Le choc est si violent que l'un des partenaires est parfois gravement blessé.

# ÉTRANGES ACCOUPLEMENTS

**Pour perpétuer leur espèce, certains animaux ont des manières de s'accoupler étranges… ou carrément effrayantes !**

## La mante religieuse

Monde entier

C'est sans doute **l'accouplement le plus risqué**. À la fin de l'acte sexuel (ou même pendant), la femelle se retourne avec souplesse et… décapite le mâle à l'aide de ses puissantes mandibules, avant de le dévorer tout cru ! Il arrive aussi que le mâle parvienne à s'échapper, mais c'est rare.

*Attention, la femelle va se retourner…*

*En dévorant le mâle, la mante absorbe de l'énergie pour pondre ses œufs.*

*La Grande Barrière de corail australienne s'étend sur 2 000 km.*

## Le corail

Australie

Deux nuits après la pleine lune d'octobre, a lieu **le plus spectaculaire des accouplements**. Comme s'il neigeait dans la mer, les coraux australiens expulsent des millions d'ovules colorés et de spermatozoïdes. L'immense majorité des œufs finira dans l'estomac des poissons, mais il en restera assez pour perpétuer l'espèce !

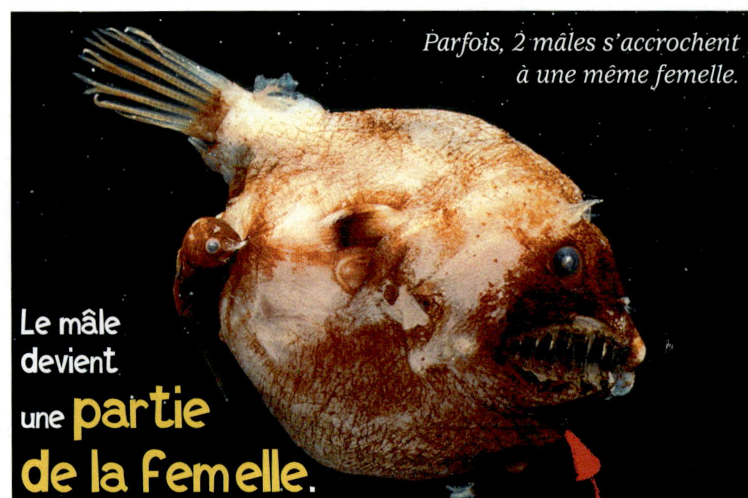


*Parfois, 2 mâles s'accrochent à une même femelle.*

## La baudroie abyssale

Tous les océans

**Dix fois plus petit que la femelle**, le mâle repère celle-ci à l'odeur. D'abord, il la mord pour s'accrocher à elle. Puis, peu à peu, les tissus et les vaisseaux sanguins des deux poissons fusionnent. À la fin, le mâle n'est plus qu'une simple petite fabrique de spermatozoïdes !

### DRÔLES DE COUPLES

Chez de nombreux animaux, mâle et femelle ne se ressemblent pas. Par exemple, la lionne n'a pas la crinière du lion. Le plus souvent, ce **dimorphisme sexuel** concerne la taille : chez les **éléphants de mer**, monsieur est 3 fois plus gros que madame (1 t contre 300 kg).

Le record de dimorphisme est détenu par **le ver marin *Bonellia*** : la femelle atteint 2 m de long, alors que le mâle mesure seulement de 1 à 2 mm. Sorte de spermatozoïde amélioré, il vit dans le ventre de sa partenaire !

# ÊTRE DES DEUX SEXES

**Quand les rencontres sont rares ou impossibles, il existe une solution : être hermaphrodite !**

Il se replie sur lui-même pour se reproduire.

*En forme de ruban, il peut mesurer 2 m.*

## Le ténia

**Monde entier**

Parasite de l'homme et des animaux, ce ver plat est **capable de s'autoféconder**. Formé d'une centaine d'anneaux, il vit dans les intestins de ses victimes. Il produit chaque jour des milliers d'œufs, expulsés dans leurs excréments…

## La limace de mer

**Côtes de l'océan Pacifique**

Être hermaphrodite, ce n'est pas forcément faire des bébés seul ! Chez la limace, il faut une rencontre qui soit aussi **une double fécondation**. Tête-bêche, chacun échange du sperme avec l'autre, puis le dépose dans son propre organe femelle.

*Plusieurs dizaines de limaces s'accouplent parfois en même temps.*

Comme l'escargot, elle est mâle et femelle.



# CHANGER DE SEXE

**Dans une population isolée, lorsqu'un sexe fait défaut, certains animaux aquatiques ont le pouvoir d'en changer…**

## La daphnie

**Mares et lacs du monde entier**

La population de ce minuscule crustacé se compose **uniquement de femelles**, dont les œufs sont autofécondés. Mais si la qualité de l'eau se dégrade, quelques mâles naissent pourtant. Les œufs qu'ils fécondent, plus résistants, tombent au fond de l'eau, attendant de meilleures conditions pour éclore…

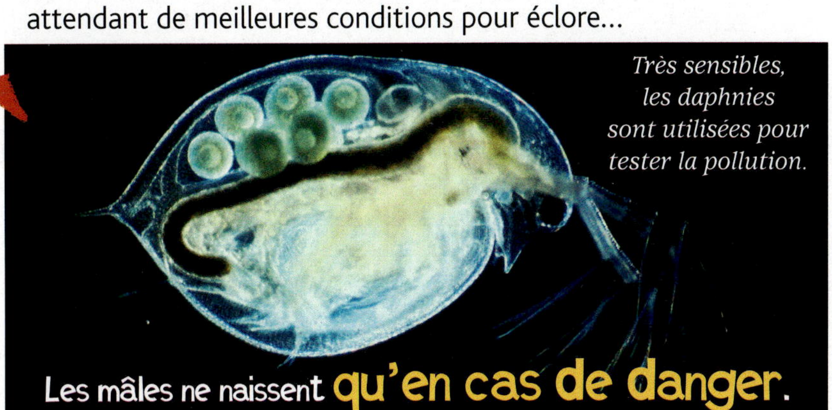

*Très sensibles, les daphnies sont utilisées pour tester la pollution.*

Les mâles ne naissent qu'en cas de danger.

Comme 10 % des espèces de poissons, il peut changer de sexe.

*Il vit caché dans les anémones, insensible à leur venin.*

## Le poisson-clown

**Océan Pacifique**

Des mâles vivent en groupe sous l'autorité d'une seule femelle et de son compagnon. Ce couple est le seul à se reproduire. Lorsque la femelle meurt, le mâle prend sa place : **en 2 semaines, il devient femelle**, tandis qu'un jeune accède au rang de mâle dominant.

# VENIR AU MONDE

**Il y a 235 millions d'années, les dinosaures « inventèrent » l'œuf à coquille dure, pour pondre sur la terre ferme et coloniser le monde. Puis vinrent les mammifères et leurs petits déjà formés...**

## NÉS D'UN ŒUF

**La structure est toujours la même : baigné dans l'amnios protecteur (le blanc), l'embryon grandit en se nourrissant du vitellus (le jaune).**

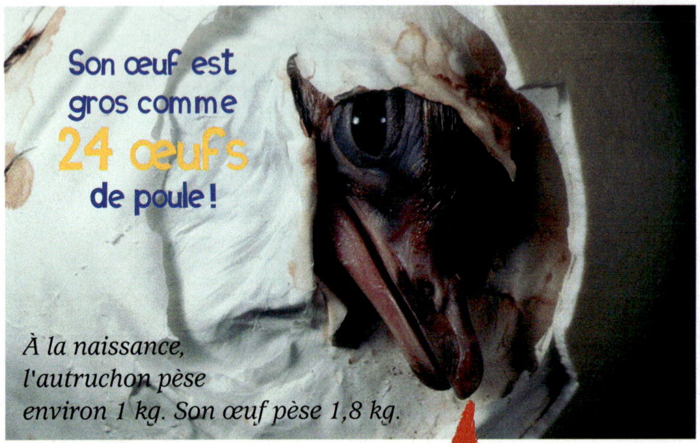


*À la naissance, l'autruchon pèse environ 1 kg. Son œuf pèse 1,8 kg.*

### L'autruche

**Afrique**

De 15 à 20 cm de long, de 10 à 15 cm de diamètre : **le plus gros œuf** appartient au plus grand des oiseaux. Impressionnant, mais plus petit que l'œuf de l'æpyornis, un oiseau de Madagascar aujourd'hui disparu. Il mesurait 30 cm de diamètre, pour un poids de 10 kg.

### MÂLE OU FEMELLE ?

Chez certains reptiles, **le sexe des petits est déterminé par la température d'incubation** des œufs. Pour de nombreux **crocodiles** et **lézards**, les œufs pondus au soleil (au chaud) donnent des mâles, et ceux qui sont pondus à l'ombre, des femelles. Ce n'est pas une règle : chez les **tortues**, c'est exactement l'inverse !

### La blatte américaine

**Monde entier**

C'est **l'insecte qui protège le mieux ses œufs** : tous les 10 jours environ, la femelle fabrique une oothèque faite d'une matière résistante. Elle la transporte, accrochée à son abdomen, avant de la déposer dans un endroit sûr et sombre, juste avant l'éclosion des larves.

Elle transporte sa « boîte à oeufs » avec elle.

*Il se nourrit de petites méduses et de plancton.*



### Le poisson-lune

**Mers tropicales et subtropicales**

Ce poisson géant (3 m de long pour 1 t) détient le record du **plus grand nombre d'œufs** expulsés à chaque ponte. Ses larves ont une forme allongée de poisson, avant de prendre peu à peu la forme sphérique caractéristique de l'espèce.

# NÉS D'UNE MAMAN

**Les bébés sortent « tout faits » du ventre de leur mère. Certains resteront avec elle longtemps, d'autres sont déjà autonomes…**

*La portée entière tiendrait dans une cuillère à soupe !*

Les petits se développent **dans sa poche.**

## L'opossum de Virginie

**Amérique du Nord**

Ce marsupial détient le record de **la gestation la plus courte** : de 8 à 12 jours. La femelle donne naissance à de minuscules larves de 1 g, qui s'agrippent à sa fourrure pour gagner le chemin de sa poche et s'accrocher fermement à l'une de ses 13 tétines. Les bébés en sortiront une fois leur croissance achevée, 80 jours plus tard.

Portée record : **31 bébés.**

*Son museau pointu lui sert à dénicher les insectes.*

## Le tenrec sans queue

**Madagascar**

Sur la grande île où il vit, ce cousin du hérisson occupe la même niche écologique. Ses portées comptent en moyenne de 12 à 16 petits : c'est **le mammifère le plus prolifique**. Ainsi, il multiplie les chances qu'un maximum d'individus atteignent l'âge adulte !

### UN MAMMIFÈRES QUI POND DES ŒUFS

L'ornithorynque, qui vit en Australie, est **le dernier descendant d'une famille de mammifères primitifs**. Au fond de son terrier, la femelle pond 2 œufs mous et collants, qui adhèrent à sa fourrure, et autour desquels elle se love pendant les 14 jours d'incubation. De petites larves de 1,5 cm en sortent pour téter son lait, qui suinte des pores dilatés de sa peau… car elle n'a pas de mamelles.

*Lorsque le premier ornithorynque empaillé est arrivé en Europe, les scientifiques ont cru qu'il s'agissait d'une blague !*

*Aussi appelé « chien de mer », c'est le requin le plus répandu au monde.*

La femelle pond des œufs qui **se développent en elle.**

## L'aiguillat commun

**Tous les océans**

Avec l'éléphant (660 jours), c'est l'animal qui détient le record de **la plus longue gestation**. Comme la plupart des requins, il est ovovivipare : les embryons se développent dans des œufs autonomes, que la femelle incube dans son abdomen pendant 18 mois à 2 ans, jusqu'à leur éclosion.

# GENTILS PARENTS

**De nombreux animaux nourrissent leurs petits, font leur toilette, les protègent du froid et des prédateurs. Mais le plus choyé, c'est toi ! Nul être vivant ne prodigue autant de soins à sa progéniture que l'homme.**

## PAPAS POULES

Sitôt après l'accouplement, la plupart des mâles disparaissent dans la nature. Quelques-uns, pourtant, sont très différents…

### Le calao

**Inde, Asie du Sud-Est, Sumatra**

Les calaos nichent dans un trou d'arbre. Pour éviter la visite des serpents, le mâle y enferme sa femelle et leurs œufs, avec un ciment de boue et de fiente. Le plus prudent des oiseaux nourrit ensuite sa famille par une ouverture étroite, jusqu'à ce que les petits soient autonomes, vers l'âge de 4 mois.

Il **emmure** sa famille dans le nid.

*Les calaos se groupent parfois à plusieurs pour attaquer un serpent.*

*Plus tard, la bouche sert aussi de refuge aux petits en cas de danger.*

Il couve les œufs **dans sa bouche**.

### L'apogon

**Méditerranée, mers tropicales**

Lorsque la femelle expulse ses **20 000 œufs**, amalgamés en une boule collante, le mâle se précipite pour les gober. Pendant environ 2 semaines, jusqu'à la naissance des alevins, il les gardera dans sa bouche, sans pouvoir rien manger !

### L'hippocampe

**Atlantique, mer des Caraïbes**

Comme tous les membres de sa famille (les syngnathes), la femelle de l'hippocampe dépose ses 200 œufs dans la poche incubatrice du mâle, située sur son abdomen. Ils s'y développent pendant 4 à 6 semaines, avant que ce **mâle « enceint »** expulse de minuscules bébés hors de la poche par des contractions.

*Ce drôle d'animal est un poisson.*

Le mâle **« accouche »** des petits.

*On l'appelle aussi « singe de nuit ».*

Le mâle prend **les petits** en charge.

### Le douroucouli

**Amérique du Sud**

Le seul singe nocturne au monde est aussi **le plus affectueux des papas**. Bébé passe ses premières années accroché à la fourrure de son dos, et ne rejoint sa mère que pour téter. Un lien si fort que, si le mâle meurt, la mère peut laisser mourir son petit.

# TENDRES MAMANS

**En général, les mamans prennent soin de leurs petits. Mais certaines ont un comportement vraiment extraordinaire…**

*Suivant les espèces, on compte de 10 à 140 petits par ponte.*

## Le scorpion

Afrique, Asie, Amérique, Europe

Après l'éclosion de ses œufs, **le plus vigilant des arthropodes** étend ses pinces et attend patiemment que ses petits grimpent sur son dos. Ils y resteront jusqu'à leur première mue (4 semaines environ). Si l'un tombe, pas de panique ! Maman attend qu'il regagne sa place.

### GARDERIES GÉANTES

Certains animaux s'organisent pour garder leurs petits. Les bébés sont regroupés sous la surveillance et la protection de quelques adultes, pendant que leurs parents vont chercher à manger. **Les crèches les plus fréquentées** appartiennent au **flamant nain** (plus de 30 000 petits rassemblés), aux **chauves-souris**, et aux **manchots**. Mais comment font les parents pour reconnaître leur rejeton dans cette foule ? Grâce à son cri !

*Il vit en meutes atteignant 20 individus.*

## Le lycaon

Afrique du Sud

Ce sont **les femelles les plus partageuses** : dans le groupe, elles allaitent indifféremment tous les petits. Puis, à partir de 1 mois, les jeunes commencent à goûter de la viande prédigérée, qui leur est apportée par tous les adultes du clan !

## Le dauphin

Monde entier

Lors de la mise bas, une autre femelle assiste la maman : elle pousse le nouveau-né jusqu'à la surface pour qu'il prenne son premier souffle. **La plus gentille des « marraines »** veillera aussi sur son filleul lorsque sa mère partira en chasse, et lui prodiguera longtemps de l'affection.

*Jusqu'à 6 ans environ, le petit dauphin ne quitte pas sa mère.*

# NAÎTRE PLUSIEURS FOIS

**Les bébés mammifères ressemblent à leurs parents en miniature. Les amphibiens et les invertébrés, eux, subissent une ou plusieurs transformations spectaculaires avant d'atteindre leur forme adulte.**

## DEUX CORPS EN UNE VIE

Longtemps, asticots et mouches ont été pris pour des animaux différents. Erreur ! La métamorphose permet toutes les transformations.

*Au début de sa vie, c'est un poisson à la forme « normale », nageant près de la surface.*

### La sole

**Monde entier**

L'alevin de la sole ressemble à celui de tous les poissons. Mais après quelques semaines, son corps s'aplatit, **un œil migre de l'autre côté de la tête**, la bouche se tord... La métamorphose achevée, l'adulte se tapit au fond de la mer, où il attend ses proies.

*Plie, sole, limande, turbot : au total, il y a plus de 500 espèces de poissons plats.*

*Le têtard éclôt après 6 jours d'incubation.*

*Les pattes postérieures se développent en premier.*

*La queue, qui lui permettait de nager, se résorbe.*

### La grenouille

**Monde entier**

C'est sans doute **la métamorphose la plus facilement observable** ! À sa sortie de l'œuf, la minuscule larve respire par des branchies. Puis des pattes lui poussent, ses poumons se développent, sa longue queue se résorbe... En quelques semaines, elle revit ainsi toutes les étapes qui ont permis aux animaux aquatiques de conquérir la terre ferme !

*Adulte, la grenouille vit toujours près d'un point d'eau.*

## La balane

*La balane passe toute sa vie fixée au même endroit.*

Monde entier

Dans son premier état, c'est une larve microscopique appelée « nauplius », nageant librement et faisant partie du plancton. Puis elle devient un « cypris », larve arrondie qui sécrète une substance comparable à du ciment. Une fois parée de son fourreau, elle a achevé sa **double métamorphose** : on l'appelle alors « balane ». Ce crustacé très répandu colonise par milliers les rochers, les coques des bateaux et le dos des baleines !

*La chenille dévore les feuilles avec ses puissantes mandibules.*

*La nymphe ressemble à une feuille ou à une branche.*

*Le stade adulte est aussi appelé « imago ».*

Il subit une « métamorphose complète ».

## Le papillon

Monde entier

C'est **la plus belle métamorphose**. D'abord, la chenille se nourrit jusqu'à atteindre sa taille maximale. Accrochée à une branche, elle devient alors une nymphe immobile, protégée par un étui résistant. À l'intérieur, les cellules se transforment en un nouveau corps : après quelques jours, le papillon déchirera l'enveloppe et déploiera ses ailes...



### LA MUE : CHANGER DE PEAU

Très utile, la mue : les reptiles et les insectes grandissent, les oiseaux et les mammifères éliminent leurs plumes ou leurs poils usés, ou les adaptent aux saisons...

1 à 4 fois par an, **le serpent** abandonne son enveloppe devenue trop petite. Peu avant la mue, il se met au régime, et ses yeux se couvrent d'un voile blanc. Quelques jours plus tard, le serpent se frotte contre une pierre pour déchirer son ancienne peau, l'exuvie, que tu trouves parfois dans la campagne.

La larve de **la sauterelle** ressemble à un adulte en miniature. Il lui faudra pourtant effectuer 5 mues avant d'achever sa croissance : chaque fois, elle se débarrasse de son exosquelette devenu trop serré, et ses organes (antennes, ailes) se développent plus complètement.

Chez les oiseaux, les plumes s'usent, se cassent... et sont remplacées régulièrement. La mue du **traquet motteux** est très spectaculaire : gris-bleu en été pendant la période nuptiale (au Groenland), son plumage devient roussâtre et terne pendant l'hiver (en Afrique tropicale).

# LA LONGÉVITÉ

**122 ans, c'est la durée de vie maximale avérée pour un humain. Un record absolu chez les mammifères, qui n'est dépassé que par quelques espèces de reptiles.**

### LES REPTILES : VIVRE AU RALENTI

Parce qu'ils dépensent moins d'énergie que les mammifères, ils sont **les champions de la longévité animale**. Le record connu avec certitude est celui de Marion, une tortue géante des Seychelles. Amenée toute petite à l'île Maurice par un naturaliste français en 1766, elle mourut en 1918, à l'âge vénérable de **155 ans** !

## DIFFICILE À MESURER

On ne connaît jamais précisément l'âge des animaux en liberté, mais ceux qui sont en captivité vivent souvent bien plus vieux que la moyenne.

### 50 MILLIONS DE KM AU COMPTEUR !

C'est la distance estimée parcourue par un **puffin à pieds roses**. Bagué en 1957, à l'âge de 5 ans, ce mâle fut à nouveau capturé et relâché par un ornithologue anglais en 2002. Ce qui en faisait alors **le plus vieil oiseau vivant** en liberté. On connaît aussi le cas d'une femelle albatros baguée, qui mourut à 62 ans.

### Le scarabée doré

**Monde entier**

Parmi plus de 1 million d'espèces, voici peut-être **l'insecte qui vit le plus vieux**. Plus étonnant encore, ses larves peuvent rester dormantes pendant 60 ans. Cachées dans des bois tropicaux, il leur arrive de voyager et d'éclore, bien plus tard, à l'autre bout du monde !

Il vit parfois plus de **30 ans.**

*Ses ailes chatoyantes sont utilisées comme bijoux.*

### Le corbeau

**Monde entier**

Un corbeau mâle détiendrait **le record de survie en captivité** : l'animal serait mort à plus de 80 ans. Un autre témoignage signale une grue mâle de Silésie, qui aurait atteint l'âge estimable de 82 ans. Quant au zoo d'Alger, il a abrité un condor qui serait mort, dit-on, à plus de 100 ans. Chiffres impossibles à vérifier...

Comme le perroquet, il peut dépasser **50 ans.**

*À la tour de Londres, on élève des corbeaux pour souhaiter longue vie à la royauté.*

Il pourrait atteindre **80 ans.**

*Ce poisson de fond fouille la vase avec sa bouche.*

## L'esturgeon

**Europe**

Ce poisson archaïque existe depuis 300 millions d'années. Il vit **en moyenne 40 ans** entre les fleuves et la mer où il migre pour frayer. L'adulte mesure jusqu'à 4 m de long, pour un poids de 500 kg. L'espèce est en voie de disparition, car l'esturgeon fut longtemps pêché pour sa chair et surtout ses œufs : le fameux caviar. En France, il est protégé depuis 1982.

*Elle vit tapie dans les rivières.*

C'est **la doyenne** des amphibiens.

## La salamandre géante

**Asie**

En captivité, une salamandre capturée adulte a vécu 53 ans, soit une **longévité totale d'environ 60 ans**. Presque le double du crapaud commun, deuxième de la liste, qui n'atteint que 36 ans.

Les Japonais élèvent l'espèce **depuis 2 000 ans.**

*Elle peut atteindre 1 m et peser 30 kg.*

## La carpe Koï

**Monde entier**

C'est peut-être le poisson le plus répandu dans les bassins et les étangs du monde entier. Sa **longévité est estimée à 50 ans** en moyenne, mais on trouve aussi des records fantaisistes : certains affirment avoir connu une carpe de... 228 ans !

## L'ÉCHELLE DES VIES

**(Records connus ou estimés)**

- Éléphant d'Asie (82)
- Anguille (80)

**80 ans**

- Vache (78)
- Cachalot (70)

**70 ans**

- Baleine (65)
- Hibou grand duc (60)

**60 ans**

- Alligator (55)
- Chimpanzé (50)

**50 ans**

- Hippopotame (45)
- Dauphin (40)

**40 ans**

- Chat (34)
- Aigle (30)

**30 ans**

- Girafe (25)
- Écrevisse (20)

**20 ans**

- Fourmi (15)
- Escargot (10)

**10 ans**

- Crevette (7)
- Abeille (reine) (5)

**Quelques jours**

- Mouche femelle (29 j)
- Mouche mâle (17 j)
- Éphémère (insecte) (1 j)

## PLUS VIEUX QUE TOUS LES ANIMAUX

Dans le monde végétal, le temps s'écoule beaucoup moins vite. Le plus vieil arbre vivant connu est âgé de **4 900 ans**. C'est un pin bristlecone des désertiques « White Mountains » de Californie qui semble complètement mort ! Mais à cause du climat très sec, son bois mort ne pourrit pas, et la sève y circule encore lentement.

# 6 • Cinq sens et plus

Imagine que tu aies des antennes plumeuses, des capteurs électriques ou des fossettes thermiques. Ta réalité serait très différente... En fait, il existe autant de façons de percevoir le monde que d'espèces animales !

*Le suricate d'Afrique vit dans un environnement semi-désertique. Pour repérer de loin le danger, il possède des sens très développés. Pendant que la plupart des membres de la communauté chassent, des « guetteurs » surveillent l'horizon et le ciel… S'ils aperçoivent un ennemi (oiseau de proie ou chacal), ils se mettent à siffler pour alerter leurs congénères !*

## COMMENT FONT-ILS ?

- En 1923, Bobbie, un chien américain égaré pendant les vacances, parcourut **5 000 km en 6 mois** pour retrouver ses maîtres.
- En 1952, Sugar, un chat perdu lors d'un déménagement, effectua **2 500 km en 14 mois** jusqu'à la nouvelle maison de ses maîtres… où il n'était jamais allé.
- En 1963, **plusieurs heures avant** un terrible tremblement de terre à Skopje, en Macédoine, les animaux du zoo se déchaînèrent, criant, tournant dans leurs cages et se lançant contre les barreaux…

# LA FABRIQUE D'IMAGES

**Du simple bulbe sensible à la lumière à l'œil perfectionné d'un grand rapace, l'échelle des perceptions visuelles est très vaste.**

*Ses yeux forment une couronne tout autour du corps.*

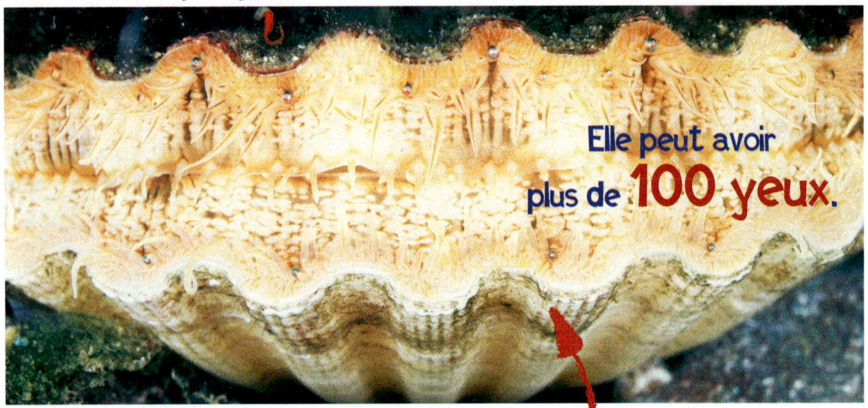


## La coquille Saint-Jacques

**Fonds sableux du monde entier**

Elle possède **le plus grand nombre d'yeux**. Quand elle entrouvre sa coquille, on aperçoit sur le bord du manteau de chair une double rangée de petits yeux, dont le nombre augmente avec l'âge. Elle peut ainsi détecter son principal ennemi : l'étoile de mer.

## Le tarsier spectre

**Asie du Sud-Est**

Ce petit primate nocturne ne mesure que 15 cm de haut, mais quel regard ! Parmi les mammifères, le tarsier est celui qui possède **les plus grands yeux par rapport à sa taille**. Très habile dans les arbres, il se déplace sur le sol en sautant comme une grenouille. Pour voir de tous les côtés, il peut tourner la tête à 180 ° !

### QUE VOIENT-ILS ?

• L'**homme** a les yeux placés de face, et leur structure est complexe. Ce qui lui permet de percevoir le relief, ainsi qu'un large spectre de couleurs.

**Voici à quoi ressemble cette scène pour quatre animaux différents :**

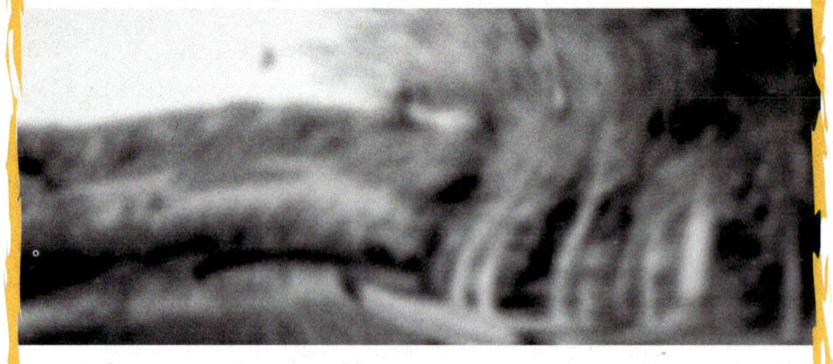

• La **limace** n'a que des yeux rudimentaires. Elle se fie plutôt à son odorat !

• La **grenouille** ne distingue ni formes ni contours, seulement la couleur et le mouvement.

• L'**abeille** voit en 3 couleurs : ultraviolet, bleu et vert. Elle discerne mal les formes, mais très bien le mouvement.

• L'**aigle** peut focaliser ses yeux sur une zone précise et l'agrandir. Il chasse de jour, avec une redoutable efficacité.

## L'anableps

Amérique centrale

**Il semble avoir 4 yeux** ! En réalité, une cloison divise chaque œil en 2 parties égales, l'une adaptée à la vision dans l'air (en haut) et l'autre, à la vision dans l'eau (en bas). Nageant à la surface, l'anableps guette ainsi en même temps les insectes aériens et aquatiques...

*La vision aérienne lui permet aussi d'éviter les oiseaux.*

## L'aigle royal

Monde entier

Ce grand rapace possède **la meilleure vision au monde**. Elle est de 3 à 5 fois supérieure à la nôtre, pour des yeux du même diamètre. Ses yeux sont fixes dans leurs orbites, comme chez la plupart des oiseaux. Placés presque de face, leurs champs de vision se superposent, permettant à l'aigle de voir parfaitement en relief.

*Pour nettoyer son œil et le protéger quand il capture une proie, l'aigle déploie sa membrane nictitante.*

### L'ÉCHELLE DES YEUX

L'**homme** : **2,5 cm** de diamètre
L'**autruche** : **3,5 cm** (le record chez les oiseaux)
Le **cheval** : **5,5 cm** (le record des mammifères terrestres)
La **baleine bleue** : **15 cm** (le record des mammifères)
Le **calmar géant** : **38 cm** (le record absolu du monde animal)

## La mouche

Monde entier

Difficile de la surprendre : elle possède **la vision la plus panoramique**. Comme chez la plupart des insectes, ses gros « yeux » sont en réalité composés de minuscules facettes, les ommatidies : le cerveau réunit ensuite toutes les images pour en former une seule.

*Un seul œil compte plus de 4 000 facettes.*

# LUEURS ET COULEURS

**Dans le monde vivant, de nombreux messages se transmettent par la vue. Une lueur vive, un éclat lumineux suffisent à s'attirer ou à se repousser !**

## LES LUMINEUX

**Chacun possède sa « signature » lumineuse pour reconnaître les siens dans les abysses ou dans la nuit…**

### PAR LUCIFER !

De nombreux organismes (surtout marins) émettent de la lumière : **bactéries** et **champignons**, mais aussi **insectes**, **méduses**, **vers de vase**, **calmars**, **krill** et **poissons**… La lumière peut être produite par l'espèce elle-même, ou par une bactérie vivant en symbiose avec elle. Cette lumière est le résultat d'une réaction chimique entre 2 substances contenues dans certaines cellules : la « luciférine » et la « luciférase », qui émettent alors de l'énergie sous forme de photons, des petits grains de lumière.

*Poursuivi, il ferme les paupières spéciales recouvrant ses « torches », et change de direction.*

On voit sa lumière à 30 m.

### Le poisson-torche

**Mer Rouge, océan Indien**

Ce petit poisson (9 cm) vit dans les crevasses obscures des récifs coralliens. Il produit **la lumière la plus intense du monde vivant**. Sa « torche », une large pastille ovale située sous l'œil, abrite des milliards de bactéries vivant en symbiose avec lui : elles ont besoin de son corps, et il a besoin de leur luminescence pour attirer ses proies.

### La luciole

**Monde entier**

On connaît plus de 3 000 « mouches à feu », chez qui on a recensé plus de 150 codes lumineux différents. La plus spectaculaire est une espèce d'Asie : sur un arbre, **des milliers de mâles clignotent ensemble** pour attirer les femelles.

*Les organes lumineux sont disposés sur l'abdomen ou le thorax.*

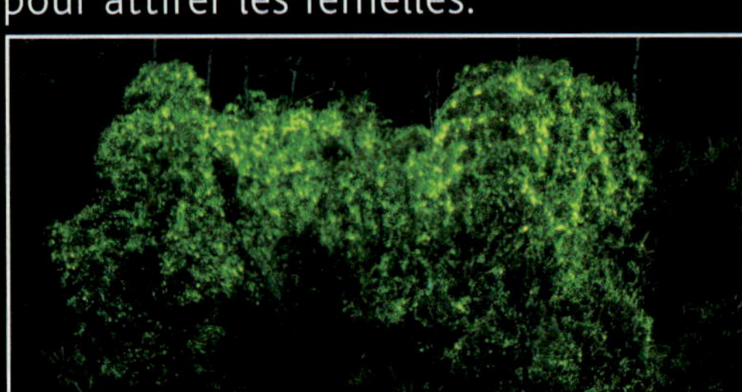

Leur lumière collective se voit à 5 km !

# LES COLORÉS

**Quand on choisit d'arborer une couleur éclatante, c'est que l'on cherche à séduire... Ou qu'on est empoisonné.**

*Le mâle pèse environ 25 kg et la femelle moins de 15 kg.*

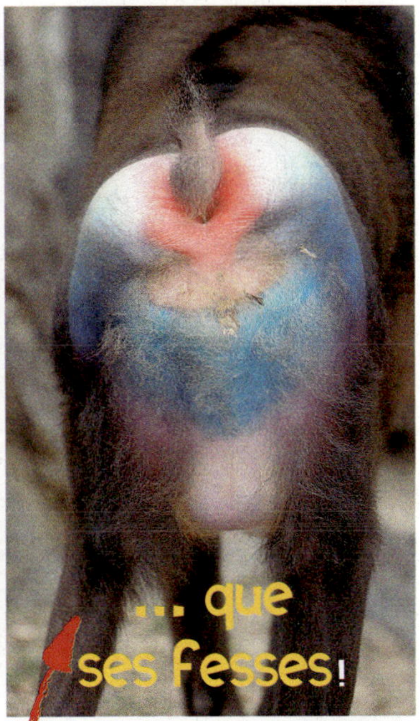


## Le mandrill

**Centre de l'Afrique**

**Le singe le plus coloré** vit en groupes de 600 à 800 individus. Le mâle possède une tête massive, comme couverte de « peintures de guerre ». Son postérieur, d'un rouge éclatant, se voit à plusieurs kilomètres de distance ! Il possède des mâchoires aussi puissantes que celles de la panthère, son pire ennemi.

*Il ne mesure que 2 à 3 cm de long.*

## Le poisson-néon

**Amérique du Sud**

Découvert en 1936 dans les eaux boueuses de l'Amazone, ce petit poisson porte sans doute **les couleurs les plus vives**. Ses bandes bleues et rouges brillent si fort dans l'eau qu'elles paraissent phosphorescentes ! Il s'en sert pour éblouir ses poursuivants. En eaux claires, il devient par contre une proie facile...

*Son plumage aux couleurs très vives a des reflets métallisés.*

## Le quetzal

**Mexique, Amérique centrale**

C'est sans doute **le plus coloré des oiseaux**. En avril, pendant la parade nuptiale, le mâle arbore d'interminables plumes vertes de 60 cm, qui ondulent quand il vole. Plus tard, il les abîmera en aidant la femelle à nidifier, mais elles repousseront l'année suivante...



### PLUIE DE GRENOUILLES

Dans les forêts tropicales d'Amérique du Sud, vivent **150 espèces** de minuscules grenouilles, **les dendrobates**. La moitié sont venimeuses : leur peau sécrète un poison puissant que les Indiens emploient pour enduire leurs flèches. Pour dissuader les prédateurs, les dendrobates se signalent par des couleurs très vives... Même celles qui ne sont pas dangereuses !

- *En théorie, le poison du dendrobate bleu peut tuer 20 hommes !*
- *Les dendrobates mesurent de 2 à 4 cm de long.*
- *Ils ne pèsent pas plus de 4 g.*

# MESSAGES DANS LE VENT

**L'odorat permet de détecter les molécules à l'état gazeux. L'homme est un des moins doués : il distingue « seulement » 10 000 odeurs…**

## S'ATTIRER OU SE REPOUSSER

**Les phéromones sont des molécules chimiques émises par les animaux pour séduire ou marquer leur territoire.**

### Le bombyx

**Monde entier**

Ce papillon de nuit possède **l'odorat le plus fin du monde**. Il n'a pas de nez, mais de longues antennes plumeuses qui portent près de 150 000 cellules sensorielles. Ces drôles d'antennes « ratissent » l'air pour capter les phéromones émises par les femelles.

*Les antennes du mâle sont beaucoup plus développées que celles de la femelle.*

### Le maki catta

**Madagascar**

À la saison des amours, les combats éclatent. Après avoir frotté leur longue queue sur les glandes de leurs poignets, les mâles l'agitent en direction de l'adversaire, mais sans le toucher. C'est **le duel le plus nauséabond** chez les mammifères. À la fin, l'un des mâles, dégoûté, prend la fuite, et le vainqueur s'accouple avec la femelle !

*Ce lémurien marque aussi son territoire de puissants effluves.*

### « GOÛTER » L'AIR…

En sortant et rentrant leur langue sans arrêt, les **serpents** prélèvent des molécules dans l'air pour les amener à leur « **organe de Jacobson** ». Composé de deux petites cavités au-dessus du palais, cet organe est bardé de récepteurs analysant les informations chimiques. Il est présent chez la plupart des amphibiens, et chez certains reptiles ou certains mammifères comme le chat ou le chien.

# FLAIRER SON REPAS

**Là où notre nez ne distingue que la bonne odeur de la campagne ou l'air iodé du large, d'autres sentent une odeur bien plus délicieuse : celle d'un fruit mûr ou d'un poisson blessé…**

## Le pétrel

Régions antarctiques, Europe

Il possède **le meilleur odorat des oiseaux marins**. Survolant les flots sur d'immenses distances, il chasse en flairant le vent. Chez les oiseaux terrestres, c'est le kiwi néo-zélandais qui a le meilleur « nez ». Inapte au vol, il se sert de son long bec, muni de narines aux extrémités, pour humer et fouiller le sol à la recherche de vers.

## Le requin blanc

Tous les océans

Les requins sont **les poissons à l'odorat le plus fin** : certains, comme le grand requin blanc, repèrent ainsi leur proie bien avant de la voir.

*C'est un chien très apprécié pour la chasse.*

## Le saint-hubert

Europe

Le nez de l'homme possède 5 millions de cellules réceptrices. Chez le chien, selon les races, ce chiffre varie de 100 à 230 millions. Au palmarès des **plus fins limiers** : le labrador et le saint-hubert, capables de suivre une piste vieille de plusieurs jours sur des kilomètres…

Il reconnaît **100 000 odeurs.**

### DRÔLES DE NEZ !

- Le **nasique** : avec son nez boursouflé, le mâle amplifie ses cris d'amour… qui évoquent le son d'un Klaxon.

- Le **tapir à chabraque** : son nez long et très musclé lui sert à cueillir sa nourriture… et aussi comme tuba lorsqu'il plonge.

- L'**antilope saïga** : son nez comporte des glandes et des poils spéciaux pour filtrer la poussière.

# À L'ÉCOUTE DU MONDE

**En ce moment même, autour de toi, résonnent peut-être des dizaines de sons que certains animaux entendent… alors que toi, tu ne perçois que du silence !**

## OREILLES TENDUES

**Elles peuvent être énormes ou ne pas se voir du tout, pourtant chacun entend… ce qu'il a besoin d'entendre !**

### L'otocyon

**Est et centre de l'Afrique**

Ce canidé, qui vit dans les milieux semi-désertiques, aurait **l'ouïe la plus fine des mammifères terrestres**. Le jour, il dort dans les terriers d'oryctérope. La nuit venue, il part en chasse : il mange des termites, des scarabées et des gerboises qu'il est capable d'entendre de loin sous le sol.

*On l'appelle aussi « renard à oreilles de chauve-souris »*

Ses oreilles **amplifient le son 100 fois**, contre 18 chez l'homme.

### Le harfang des neiges

**Arctique**

Comme toutes les chouettes et les hiboux, il voit de jour comme de nuit. Mais c'est aus **l'oiseau à l'ouïe la plus fine** : les plumes de sa face forment un disque qui capte les sons et les dirige vers ses oreilles ultrasensibles. Il détecte ainsi un mulot à des centaines de mètres enfoui sous 20 cm de neige…

Il chasse à l'ouïe, **sans voir ses proies**.

*Ses oreilles, deux simples petits trous, sont situées près des yeux, sous son plumage épais.*

# DU GRAVE À L'AIGU : L'ÉCHELLE DES SENSIBILITÉS

**Les sons se propagent dans l'air et dans l'eau en vibrant. On les mesure en hertz (Hz), leur nombre de vibrations par seconde. Plus un son est aigu, plus sa fréquence est élevée. Plus il est grave, plus sa fréquence est basse.**

**La chauve-souris : de 1 000 Hz à 180 000 Hz**

**Le dauphin : de 60 Hz à 150 000 Hz**

**L'éléphant : de 2 Hz à 16 000 Hz**

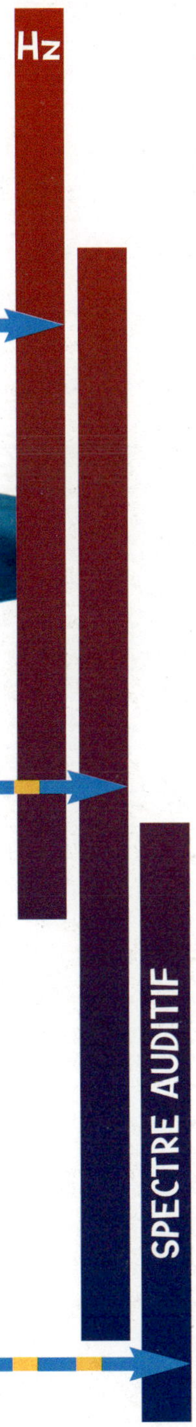


### *La chauve-souris*

*C'est la championne terrestre des ultrasons. Elle les émet par le nez ou par la bouche, et capte avec ses oreilles très développées les échos renvoyés par des insectes en vol, ou même par des obstacles aussi fin qu'un fil d'araignée ! Ce système de radar appelé « écholocation » lui permet d'évoluer dans le noir complet.*

### *Le dauphin*

*L'animal marin à l'ouïe la plus fine émet des ultrasons pour repérer ses proies et se diriger dans l'obscurité. Il ne possède pas d'oreille externe, et capte les échos de ses ultrasons par les vibrations des os de son crâne et de sa mâchoire inférieure. Le dauphin du Gange, qui vit dans des eaux troubles, entend même jusqu'à 380 000 Hz.*

### *L'éléphant*

*Il est le seul animal terrestre à utiliser des infrasons, comme la baleine le fait dans la mer. Ces vibrations de basse fréquence (moins de 20 Hz) sont inaudibles par l'homme. Grâce à ces sourds grondements, il peut communiquer avec un troupeau éloigné de dizaines de km dans la savane, et entendre l'appel des femelles en période de rut.*

### LES PLUS GRANDES OREILLES

Chez un grand éléphant d'Afrique mâle, l'envergure des oreilles atteint **3 m**, pour une hauteur de **1,80 m** et une surface totale d'environ **4 m²**.

### L'OREILLE HUMAINE

Notre oreille est sensible aux fréquences situées entre 20 Hz et 20 000 Hz. Mais sa sensibilité est maximale entre 1 000 et 5 000 Hz. Plus on vieillit, moins on perçoit les fréquences élevées… qui correspondent (hélas !) au son de la voix.

# LES GRANDS BAVARDS

**Alerter d'un danger, appeler une femelle, impressionner un adversaire, marquer son territoire… Dans la nature, un cri a toujours une bonne raison d'être poussé !**

## BEAUCOUP DE BRUIT

**Avec ou sans cordes vocales, des animaux ont inventé d'étonnantes techniques pour provoquer un beau vacarme…**

*On l'appelle aussi « taupe-grillon », à cause de ses pattes en forme de pelle.*

### La courtilière

**Europe, Asie, Afrique du Nord**

Cette cousine du grillon, qui parasite le sol des jardins, est **le plus bruyant des insectes**. À la saison des amours, le mâle creuse des galeries aux ouvertures en forme de trompette, qui amplifient ses appels. À 2 m au-dessus du sol, ses cris atteignent 92 décibels : l'équivalent d'une rue en ville.

### Le pic épeiche

**Europe, Asie, Afrique du Nord**

Son cri est déjà très fort. Mais, à la saison des amours, le mâle devient vraiment **le plus bruyant des oiseaux**. Pour attirer la femelle, il produit un bruit de tambour en frappant continuellement de son bec sur une branche. En ville, il frappe aussi sur les toits de tôle et les gouttières.

*En frappant du bec le tronc des arbres, il déniche larves et insectes.*

### Le crocodile du Nil

**Afrique**

Les crocodiliens sont **les reptiles les plus bavards**. L'alligator américain, le plus sonore, pousse de terribles beuglements qui portent à 250 m. Le crocodile du Nil a une autre technique : il ouvre la gueule au maximum, puis la referme brutalement.

Il chasse ses rivaux **en claquant des mâchoires.**

### LE NOM DE LEURS CRIS

La **mésange** et la **fauvette** zinzinulent. La **chouette** chuinte, hulule. L'**hirondelle** trisse et gazouille. La **bécasse** croule. Le **merle** babille, flûte et siffle. Le **coucou** coucoule. Le **hibou** bouboule, hulule. La **cigale** craque, craquette et stridule. Le **sanglier** grommelle. Le **cerf** brame, rée ou rait. Le **crocodile** vagit. L'**éléphant** et le **rhinocéros** barrissent. Le **lapin** clapit et couine. Le **dindon** glougloute. Le **chien** aboie, clabaude, hurle, jappe. La **souris** couine et chicote.

# CRIS ET CHANTS

**En enregistrant les cris des animaux, on a découvert que certaines espèces « parlent » un langage complexe...**

*Les baleines des hémisphères Nord et Sud n'ont pas le même « accent ».*

## La baleine à bosse

**Tous les océans**

Ses longues conversations constituent **le langage le plus complexe du monde animal**. Lors de la parade, chaque mâle s'efforce d'improviser la plus belle variation à partir d'un répertoire connu de tous. Un chant d'amour qui porte parfois à des centaines de kilomètres !

*Le mâle possède au niveau du larynx un gros « sac de peau » gonflable qui amplifie ses hurlements.*

## Le singe hurleur

**Amérique centrale et du Sud**

C'est **le mammifère le plus bruyant** du monde : dans la forêt tropicale, son cri retentit le soir. Par ses longues vocalises graves et rauques, il signale sa présence et les limites de son territoire pour faire reculer d'autres singes comme les sapajous.

## L'oiseau-lyre

**Australie**

**Le meilleur imitateur** sait reproduire la voix des espèces qu'il côtoie (autres oiseaux de la forêt, chien sauvage...). Mais son talent ne s'arrête pas là : au contact des hommes, il apprend aussi à imiter les Klaxon, le bruit du train, et le son des instruments de musique !

*L'oiseau-lyre est le meilleur chanteur au monde.*

### TÉNORS ET CASSEROLES

Chaque espèce d'oiseau possède ses propres **cris** (d'alerte, de contact lors des migrations...). La femelle ne pousse que ceux-là. Le mâle, lui, utilise en plus le **chant** en période de reproduction, pour **marquer son territoire** et **séduire** une compagne. Certains sont de bons chanteurs, mais ce n'est pas le cas de tous !

# SIXIÈME SENS

**Chaleur, électricité, vibrations : le monde est plein d'informations que nous ne percevons pas. Certains animaux, eux, disposent pour cela de récepteurs sensoriels très spéciaux.**

## LE TOUCHER

Les animaux touchent avec les pattes, les moustaches, les antennes, ou le corps tout entier ! Aucun n'est dépourvu de sens tactile.

Il capte le monde avec **ses antennes.**

### Le batocera

Îles Salomon

Ce spectaculaire insecte, comme toutes les espèces, possède une « armure » corporelle insensible. Mais elle est parsemée, surtout sur les antennes, de **poils microscopiques** (les soies) très sensibles aux contacts et aux vibrations.

### SUPERMOUSTACHES

**Les plus longues vibrisses** sont celles du **tigre** (jusqu'à 30 cm). Ultrasensibles, ces longs poils rigides permettent aux mammifères de sentir les vibrations de l'air et de palper leur environnement. Très utiles, par exemple, pour estimer la largeur d'un trou avant de s'y engouffrer !

### Le spalax

Europe, Proche-Orient

Appelé aussi « rat-taupe », c'est **le mammifère au toucher le plus sensible**. Presque aveugle et plutôt sourd, il cogne avec sa tête la paroi des galeries pour communiquer avec ses voisins, et « écoute » leurs réponses en collant ses vibrisses à la paroi.

# L'ÉLECTRICITÉ

**Pour certains poissons, c'est une arme puissante. Elle sert aussi à se repérer, car l'eau transmet parfaitement le courant électrique.**

### BEC ÉLECTRIQUE

L'**ornithorynque** est **le seul mammifère à utiliser un sens électrique**. À l'aube et au crépuscule, il quitte son terrier et plonge au fond d'un cours d'eau pour aller se nourrir. Il fouille la vase de son bec plat, cherchant à repérer les champs électriques produits par les mouvements de ses proies (écrevisses, insectes ou grenouilles).

Son corps est couvert de **capteurs**.

*Ses yeux très écartés lui permettent aussi de voir parfaitement en relief.*

## Le requin-marteau

**Tous les océans**

C'est l'un des requins **les plus sensibles à l'électricité**. Son corps et son museau sont munis d'« ampoules de Lorenzini », des cellules sensorielles sensibles à des variations inférieures à 0,005 millivolt/cm². Dans l'eau, un tel courant est produit par de simples contractions musculaires. Facile, alors, de repérer un poisson blessé, dont les mouvements sont désordonnés !

## Le poisson à trompe d'éléphant

**Afrique**

Dans les fleuves où il vit, l'eau est boueuse et la visibilité nulle. Alors, il est devenu **le surdoué du guidage électrique**. En nageant, il génère autour de son corps un faible champ électrique, dont il capte les variations provoquées par les obstacles, les proies et les prédateurs.

*Le courant est produit par les tissus musculaires.*

Il crée autour de lui **un champ électrique**.

# LA CHALEUR

**Grâce à des fossettes thermosensibles, certains serpents « voient » dans la nuit les rayons infrarouges correspondant à un dégagement de chaleur.**

Elle détecte une variation de **0,001 °C** à plusieurs mètres.

*Les fossettes sont de petites fentes situées entre les narines et les yeux.*

## La vipère

**Monde entier**

Comme tous les vipéridés, ainsi que les boas et les pythons, **elle repère ses proies à la chaleur** dégagée par leur corps. En tournant la tête pour orienter ses fossettes, la vipère devine aussi la direction et la vitesse de sa prochaine victime.

### SECRETS DU CIEL

**Comment se dirigent les oiseaux** ? Cela reste mystérieux. Certains possèdent dans le cerveau des grains de magnésie qui les rendent sensibles, comme une boussole, au champ magnétique terrestre. On pense que d'autres se dirigent d'après les vibrations de l'air, selon le relief, les odeurs, les variations de température ou de pression… ou encore à la position des étoiles !

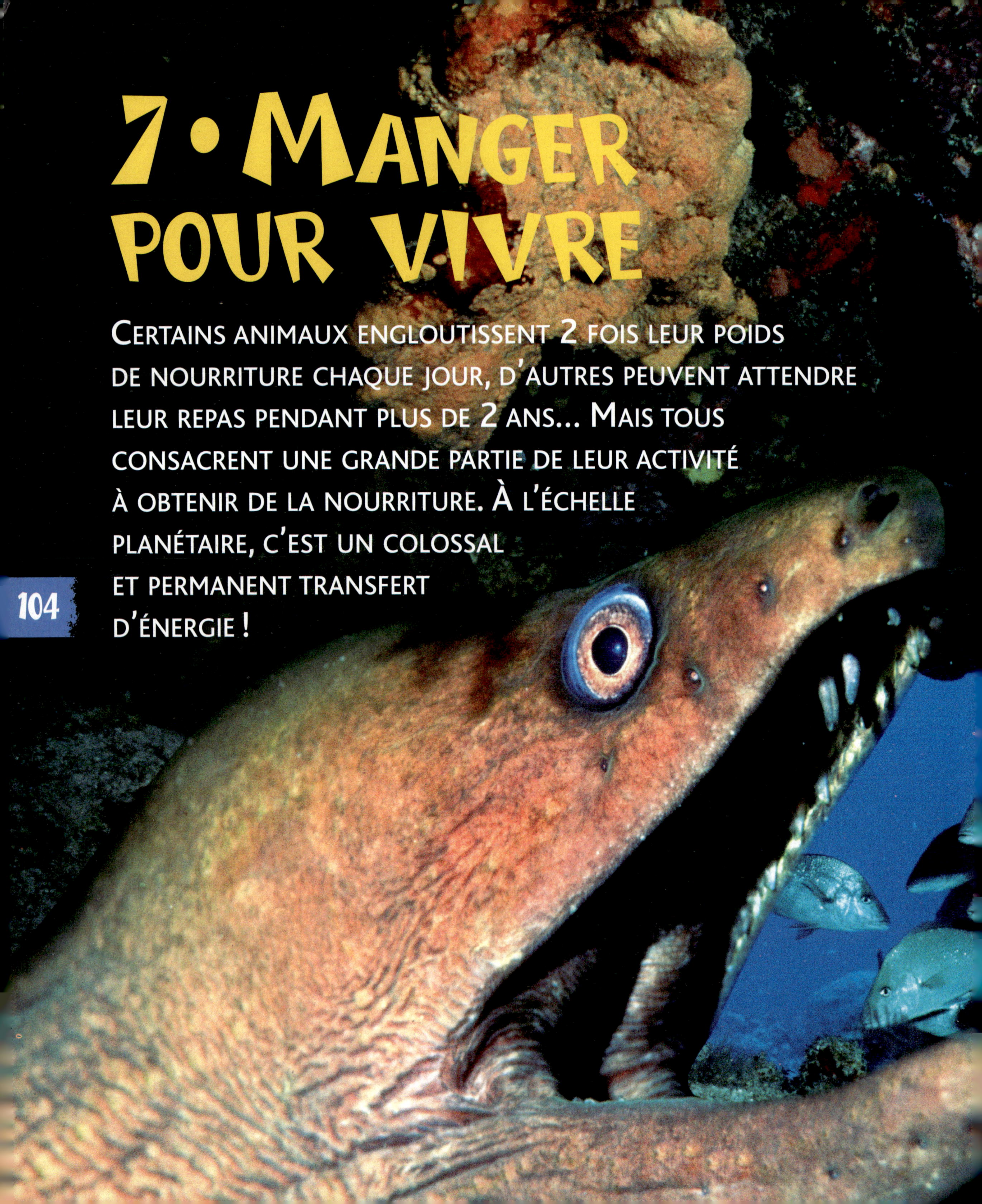

# 7 • Manger pour vivre

Certains animaux engloutissent 2 fois leur poids de nourriture chaque jour, d'autres peuvent attendre leur repas pendant plus de 2 ans... Mais tous consacrent une grande partie de leur activité à obtenir de la nourriture. À l'échelle planétaire, c'est un colossal et permanent transfert d'énergie !

*Dans l'eau comme sur la terre, un grand écosystème rassemble parfois plusieurs centaines d'espèces vivantes. Il se crée entre elles de nombreuses « chaînes alimentaires » où la mort d'un individu permet la vie d'un autre. De la plus petite proie au plus gros prédateur, une chaîne compte rarement plus de 6 niveaux. Mais chaque espèce est impliquée dans plusieurs chaînes.*



## BON APPÉTIT !

- La **baleine** : de **2 à 3 tonnes** de krill par jour (en 2 repas).
- L'**éléphant** : de **150 à 200 kg** de végétaux par jour (arrosés de 200 l d'eau).
- Le **panda géant** : de **10 à 15 kg** de bambou par jour.
- Une **chauve-souris** : **3 000 insectes** par nuit.
- La **souris** : **10 g** par jour (de tout ce qu'elle trouve !).
- Le **roitelet** : **30 %** de son poids en insectes par jour… soit 2 g !

# À CHACUN SON RÉGIME

**Les carnivores sont bien moins nombreux que les herbivores, chez qui on distingue, par exemple, phyllophages (feuilles), xylophages (bois), cléthrophages (graines), pollinivores (pollen), nectarivores (nectar)...**

## LES CARNIVORES

Pour manger, ils doivent se montrer rusés et dépenser beaucoup d'énergie. Mais la viande est très nutritive : un gros repas suffit pour longtemps.

Il dévore 70 cerfs par an, plus des petites proies.

*Le tigre traîne sa proie dans l'eau pour que l'odeur de sang n'attire pas les vautours.*

### Le tigre du Bengale

**Inde**

Sa proie favorite, le cerf sambar, est plus rapide que lui : elle lui échappe 9 fois sur 10, et le tigre reste parfois une semaine sans manger. Mais après un tel jeûne, **le plus vorace des félins** dévorera jusqu'à 35 kg de viande en un seul repas.

### La coccinelle

**Monde entier**

La « bête à bon Dieu », dont il existe 3 000 espèces, est aussi **l'insecte le plus glouton**. La femelle pond ses œufs dans les colonies de pucerons. Dès l'éclosion, les larves aveugles croquent des dizaines de pucerons par jour. En 3 semaines, leur poids est multiplié par 10 ! Après 5 mues, les larves s'attachent sur une plante et commencent leur métamorphose en coccinelle, qui durera 8 jours.

Elle mange plus de 70 pucerons par jour !

*Cannibale, la coccinelle dévore même parfois ses propres enfants !*

*Oiseau, singe, poisson, buffle… le crocodile attend qu'une proie passe à sa portée.*

Il ne fait que **50 repas par an** en moyenne.

## Le crocodile du Nil

**Afrique, Madagascar, Comores**

Dans son estomac de reptile, aucune source d'énergie n'est perdue. Des sucs digestifs puissants dissolvent même les os de ses proies. Il possède ainsi **la digestion la plus lente**. Le crocodile fait aussi des réserves en stockant de la graisse dans sa queue. Ce qui permet à un grand mâle de jeûner pendant plus de 18 mois s'il ne trouve pas de proie !

## QUE MANGENT-ILS ?

① La **bécasse de mer** : elle aspire invertébrés et larves avec son museau allongé comme une paille.
② L'**orphie** : très rapide, ce poisson empale sa proie au bout de son bec pointu.
③ Le **poisson-perroquet** : son bec solide lui permet de casser les coraux durs comme des pierres, dont il raffole.
④ Le **requin-baleine** : le plus grand poisson navigue gueule ouverte et engloutit tout sur son passage : plancton, anchois, jeunes thons, maquereaux, harengs…

②

①

④

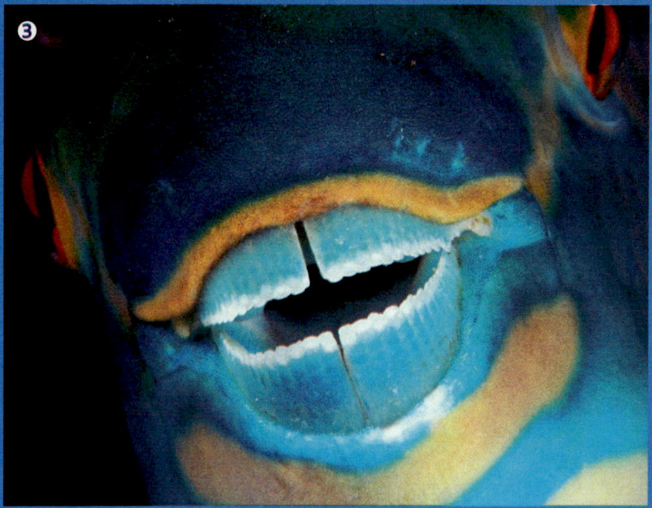

③

# LES HERBIVORES

**Pauvres en protéines, les plantes sont peu nutritives. Les herbivores passent donc la plupart de leur temps à brouter ou à mastiquer. Le record : 14 h par jour pour le panda géant !**

*Elle rumine de 10 à 12 h par jour, soit 40 000 mouvements de mâchoires.*

Son estomac à 4 compartiments contient 300 l de nourriture.

## La vache

**Monde entier**

Ce ruminant possède l'**un des systèmes digestifs les plus complexes**. La vache avale sans mâcher l'herbe qui est d'abord brassée et prédigérée dans la panse. L'herbe passe ensuite dans le bonnet, qui se contracte pour la faire remonter dans la bouche. Là, elle est mouillée de salive et mastiquée longuement. La bouillie redescend alors dans la troisième poche, le feuillet, qui réabsorbe l'eau. Enfin, le résidu passe dans la caillette, où interviennent les enzymes digestives.

Il digère n'importe quel matériau organique.

*Très envahissant, il s'attaque aussi aux charpentes des maisons.*

## Le termite du bois

**Monde entier**

Il a **le tube digestif le plus « solide »** du monde animal. Son corps héberge des organismes microscopiques qui digèrent pour lui la cellulose du bois le plus dur. D'autres espèces de termites, qui se nourrissent d'humus, possèdent dans le tube digestif un acide ultrapuissant.

### DÉFENSE VÉGÉTALE

**Piquants**, **épines**, **poils urticants** : face aux brouteurs, **les plantes sortent les armes** ! Certaines sécrètent aussi des **poisons**, et on connaît même des plantes capables d'émettre des molécules dans l'air pour prévenir : « Alerte, des brouteurs arrivent ! »
En recevant ces messages odorants, leurs voisines produisent aussitôt une matière au goût très acide...

Des herbivores ont développé des parades : des enzymes dans leur salive neutralisent les poisons, leur foie élimine les toxines... L'équilibre est subtil, car plantes et animaux ont besoin les uns des autres.

*Dans ses abajoues, il stocke des feuilles pour les manger plus tard.*

## Le koala

**Australie**

**Le plus exclusif des herbivores** grimpe la nuit en haut des eucalyptus pour se nourrir de feuilles. Elles sont pourtant très toxiques, surtout les jeunes pousses. Le koala les sélectionne donc avec soin, choisissant les plus vieilles. Son secret ? Il est immunisé contre le poison. De temps à autre, ce marsupial descend au sol pour lécher un peu de terre, dont les éléments minéraux facilitent sa digestion.

## MANGEURS DE FRUITS

Dans les forêts tropicales, on trouve des fruits tout au long de l'année. **Oiseaux**, **singes**, **chauves-souris** recherchent les plus **mûrs**, attirés par la **couleur** et l'**odeur**... Une stratégie gagnante pour le végétal : plus tard, les **frugivores** rejetteront dans leurs déjections des graines qui donneront naissance à de nouveaux arbres fruitiers !

*La petite chauve-souris épomophore gobe les fruits en entier.*

# LES « ÉPICIERS »

**En enterrant son os, ton chien obéit à un réflexe ancestral : mettre de la nourriture de côté pour la manger plus tard. Dans la nature, nombre d'animaux se constituent des stocks pour affronter l'hiver...**

## Le grand hamster

Europe, Asie

Ce petit rongeur sauvage possède **les joues les plus extensibles**. Blé, orge, pommes de terre, betteraves... L'été, il transporte ainsi dans son terrier plusieurs kilos de nourriture. Il remplit tellement ses abajoues qu'il en perd parfois l'équilibre !

Il improvise **des centaines** de cachettes.

*Au printemps, les noisettes oubliées donneront de nouveaux arbres.*

## L'écureuil roux

Europe, Asie

En automne, **le plus connu des « épiciers »** enterre partout des noisettes et des pommes de pin. Il fait même sécher des champignons qu'il cache ensuite dans des trous d'arbres. L'hiver venu, il se fiera à son odorat pour retrouver ses provisions.

## Le pika

Amérique du Nord, Asie

**Le plus ingénieux des lagomorphes** (lièvres et lapins) récolte les longues herbes des prairies. Il construit ensuite un rempart de pierre, pour les abriter du vent et les faire sécher. Ces meules lui fourniront un fourrage suffisant pour traverser la mauvaise saison.

### LOMBRICS EN STOCK

**La taupe** fait des « réserves vivantes ». Sa morsure venimeuse paralyse les vers de terre chassés dans ses galeries, qu'elle empile ensuite en un gros tas gluant. Quand la réserve est suffisante (**parfois 1 000 vers !**), elle ferme son garde-manger jusqu'à l'hiver.

*Il suit parfois l'ours blanc sur la banquise pour chiper ses restes de repas.*

## Le renard polaire

**Alaska, Groenland**

Dès les premières neiges de septembre, **le plus prévoyant des mammifères** stocke le surplus de sa chasse. Il creuse un trou dans la terre gelée et y entasse ses proies. Dans un tel « réfrigérateur », on a déjà découvert 46 oiseaux, dont 40 petits pingouins, et une multitude d'œufs…

*La proie pèse parfois 2 fois le poids de la panthère.*

## La panthère

**Afrique, Asie**

Appelée aussi « léopard », elle possède **le plus spectaculaire garde-manger**. Après avoir chassé au crépuscule, elle fait un premier gros repas sur place, puis hisse la carcasse en hauteur, à l'abri des lions et des hyènes.

## La pie-grièche grise

**Europe, Asie, Amérique, Afrique**

Malgré sa petite taille, elle chasse souris, grenouilles, lézards ou même d'autres oiseaux. Si la chasse a été bonne, **le plus organisé des oiseaux** emporte sa proie et l'empale sur une épine acérée d'aubépine. Une réserve pour quand elle aura un petit creux !

*On l'appelle aussi « oiseau boucher ».*



## LES FOURMIS : CULTIVATRICES ET ÉLEVEUSES

- La **fourmi coupeuse de feuilles** vit dans d'immenses nids souterrains. Les ouvrières y apportent des feuilles broyées. En une nuit, elles peuvent dénuder un arbre ! Une fois mâchées, ces feuilles servent de compost pour cultiver un champignon qui constitue leur unique nourriture.

- La **fourmi trayeuse de pucerons** protège ces derniers en détruisant leurs prédateurs. En échange, elle lèche les pucerons, qui sécrètent un liquide sucré et nourrissant. Certaines fourmis élèvent même directement les pucerons dans la fourmilière !

- La **fourmi pot à miel** stocke de la nourriture liquide (le miellat) dans le corps de certaines ouvrières. Immobiles, ces « bonbonnes vivantes » dégorgent, à la demande, des gouttelettes de miellat pour nourrir les autres membres de la colonie.

# LES « CUISINIERS »

**Toutes sortes de choses peuvent devenir nourriture. Encore faut-il savoir s'y prendre ! Certains animaux ont développé des techniques incroyables pour recueillir ou même transformer leurs aliments.**

## ILS PRÉPARENT LEURS ALIMENTS

Quand on peut se nourrir d'une bête ou d'une plante coriaces, on n'a pas de concurrence. Mais chaque repas exige patience et habileté !

*Il ressemble à un cochon d'Inde à longues pattes.*

### L'agouti

Amérique du Sud, Antilles

Ce gros rongeur des forêts humides (il atteint 60 cm et 4 kg) se nourrit de racines et de fruits. **Très méticuleux**, il tient l'aliment entre ses mains et l'épluche en le faisant tourner devant ses énormes incisives. En captivité, il continue à peler tout ce qu'on lui donne… y compris le pain !

*Le bec est aplati sur les côtés, avec la pointe un peu relevée.*

### L'huîtrier pie

Europe

**Le plus habile des oiseaux limicoles** se reconnaît à son long bec orange. Avec prudence, il glisse l'ustensile entre les valves d'une moule ou d'un coquillage, puis donne un coup sec qui sectionne le muscle. Il ne lui reste plus qu'à tordre le bec pour forcer la coquille à s'ouvrir…

### L'AFFAIRE DU RATON LAVEUR

Quand il est en captivité, on le voit saisir sa nourriture et la remuer longuement dans l'eau entre ses pattes. Malgré son nom, **il ne lave pas ses aliments** ! Il ne fait que reproduire les gestes effectués à l'état sauvage, quand il fouille la rivière pendant des heures avec ses pattes pour pêcher des proies…

# ILS UTILISENT DES OUTILS

**Confrontés à un problème, ils ont su autrefois inventer une solution. Depuis, la technique a été transmise avec un succès infaillible.**

## Le pinson-pic

Îles Galápagos

Appelé aussi « pinson de Darwin », **l'oiseau le plus outillé** chasse les insectes cachés dans l'écorce des arbres. Pour les attraper, il saisit dans son bec une épine de cactus, et enfonce cette « épée » par coups secs dans les fissures. Les proies sont transpercées… ou forcées à sortir !

*Il connaît au moins 30 manières de fabriquer et d'utiliser des outils.*

## Le chimpanzé

Afrique

**L'animal le plus ingénieux** va d'abord chercher une branchette. Il la coupe à la longueur voulue, arrache les tiges qui gênent… Très concentré, il introduit ensuite l'outil dans les galeries d'une termitière, avant de ressortir une « brochette » tapissée d'insectes furieux… et délicieux !

## La loutre de mer

Amérique du Nord

Après la pêche, **la plus rusée des mustélidés** fait la planche en surface, une pierre plate posée sur son ventre. Tenant fermement sa proie entre ses mains, elle la frappe violemment sur la pierre. En un après-midi, on l'a vue donner 2 200 coups pour casser 50 coquillages.



### L'APPEL DE L'OMELETTE

Le **percnoptère**, un petit vautour qui vit en Égypte, vole au-dessus de la savane en cherchant les nids d'autruche. Dès que le grand oiseau s'éloigne, le percnoptère ramasse un caillou dans son bec et le lance sur l'œuf pour le casser. Il y parvient **après 10 essais en moyenne**… si l'autruche lui en laisse le temps !

# LES PROFITEURS

**Pour se nourrir, ceux-là ont choisi de dépendre des autres. Les comportements sont très variés : du véritable échange de services au grappillage des résidus… jusqu'à l'assassinat !**

## LES NETTOYEURS

**Sans eux, les parasites proliféreraient. Ils sont de véritables « docteurs » pour les autres animaux.**

### Le pic-bœuf à bec rouge

**Afrique**

Rapide et agile, **le plus connu des nettoyeurs** sautille sur le dos et la tête des mammifères de la savane : impalas, girafes, éléphants, buffles… Avec son bec, il explore la peau à la recherche de parasites, soulageant son hôte qui le laisse faire sans broncher.

### Le labre nettoyeur

**Mers tropicales**

**Le champion des nettoyeurs** ne quitte jamais son récif : les clients viennent à lui, des petits gobies aux gros mérous. Tout en croquant leurs parasites (jusqu'à 1 300 par jour !), ce petit poisson de 10 cm enlève les écailles cassées, nettoie les plaies et cure les dents.

### La crevette nettoyeuse

**Monde entier**

C'est le **plus serviable des crustacés**. Pour attirer les poissons, elle agite ses longues antennes… Puis avec ses pinces, elle déniche les parasites jusque dans les branchies des poissons. Ces derniers savent aussi se faire comprendre, en lui présentant les zones dont elle doit s'occuper.

# PARASITES ET VOLEURS

**Ceux-là ne donnent rien en échange, et la violence ne leur fait pas peur. De la chair et du sang, tel est leur menu quotidien...**

### FOLLE STRATÉGIE

Un ver parasite a développé un extraordinaire moyen de passer d'une espèce à l'autre : il réussit à prendre le contrôle d'un animal et à modifier son comportement !

① Le **trématode**, minuscule ver plat, pénètre dans le système nerveux du gammare, un petit crustacé.

② Normalement caché dans la vase, le gammare devient fou et se met à s'agiter à la surface de l'eau.

③ Attiré par ce manège, le goéland mange le gammare... Et le trématode continue son développement dans le corps de l'oiseau.

## La sangsue médicinale

**Eaux douces**

Patient, **le ver le plus sanguinaire** attend qu'une proie passe à sa portée, puis s'y accroche à l'aide de ses ventouses. 20 minutes après avoir mordu, la sangsue, lourde de 10 à 15 ml de sang se détachera elle-même de sa victime. Pour digérer ce festin, il lui faudra ensuite de 12 à 18 mois !

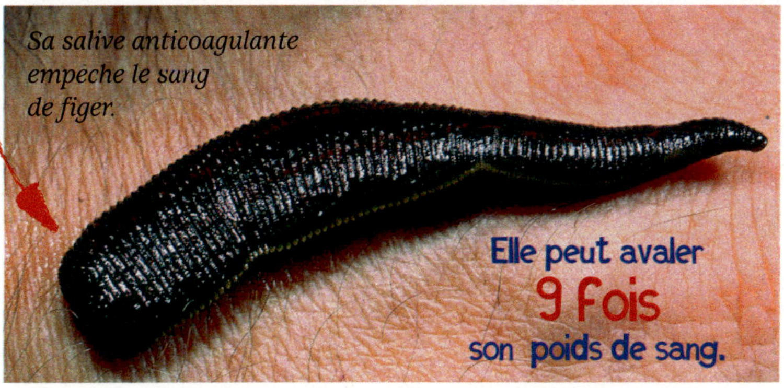


*Sa salive anticoagulante empêche le sang de figer.*

## La lamproie

**Méditerranée, côtes de l'Atlantique**

**Le plus terrible parasite vertébré** est dépourvu de mâchoires. Par son disque buccal, la lamproie s'accroche à un poisson, dont elle boit le sang après avoir creusé un trou avec ses petites dents pointues. Épuisée, la proie finit par mourir...

*Sa bouche forme une ventouse souple.*



## Le vautour oricou

**Afrique, Moyen-Orient**

**Le charognard le plus efficace** surveille de loin les prédateurs terrestres en chasse. Dès qu'une proie est tuée, ils sont parfois des dizaines à fondre sur la carcasse, que les prédateurs repus finissent souvent par leur abandonner sans trop de résistance.

*Son long cou dénudé lui permet de fouiller en profondeur.*

*Son cri évoque un rire sarcastique.*

## La mouette rieuse

**Europe**

**L'oiseau le plus voleur** rôde souvent à proximité du vanneau huppé, quand ce dernier gratte le sol à la recherche de vers de terre. Dès qu'il parvient à en extirper un, la mouette le chasse aussitôt pour lui voler sa prise. Beaucoup moins fatigant que de chercher soi-même !

# 8 • Attaques et défenses

Le danger ou la bonne aubaine peuvent surgir en un instant et n'importe où... Pour avoir une chance de survivre, prédateurs et proies ont développé toutes sortes d'armes. On peut être très cruel ou vraiment très malin !



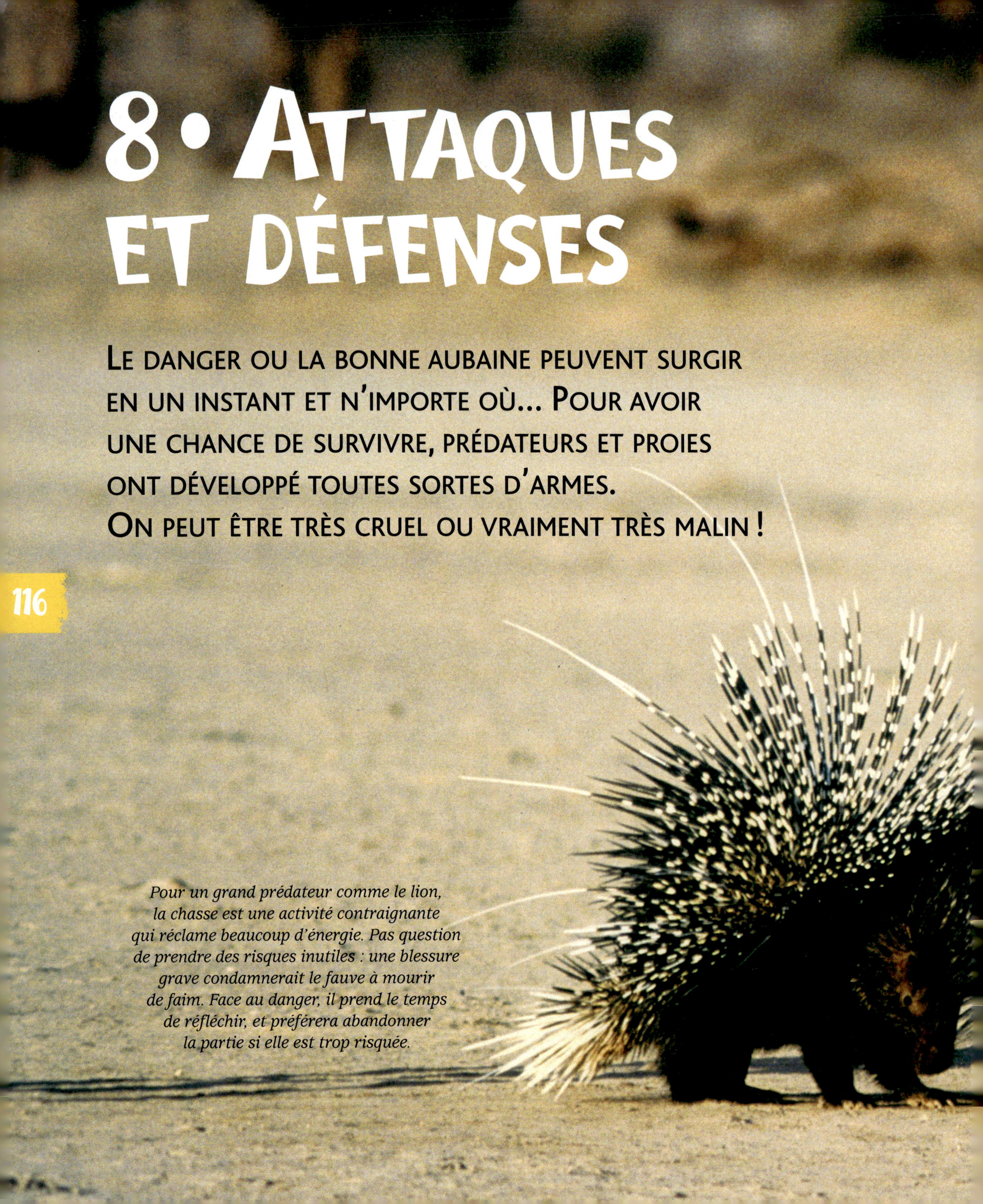

*Pour un grand prédateur comme le lion, la chasse est une activité contraignante qui réclame beaucoup d'énergie. Pas question de prendre des risques inutiles : une blessure grave condamnerait le fauve à mourir de faim. Face au danger, il prend le temps de réfléchir, et préférera abandonner la partie si elle est trop risquée.*

## MANGÉS… PAR UNE PLANTE !

Certaines plantes vivent sur des sols si pauvres que, pour survivre, elles ont appris à se nourrir d'insectes ou de petits animaux :

- La **dionée** : les 2 lobes de son piège sont munis de 15 à 20 dents. Dès qu'un insecte s'y pose, la feuille se referme comme une mâchoire en 1/30 de seconde. La digestion durera environ 2 semaines.
- Le **rossolis** : ses feuilles sont entourées de poils rouges où perle un liquide collant. Le moucheron s'y englue. La feuille se recourbe autour de lui… En 1 h, l'insecte est étouffé, et il sera digéré en 2 jours.
- Le **népenthès** : ses feuilles sont terminées par un profond cornet surmonté d'un couvercle. À l'intérieur, un liquide odorant attire les insectes qui glissent sur les parois, tombent au fond et se noient.

# L'ARSENAL SAUVAGE

**Dents, cornes, griffes, défenses, bois... Toutes les parties dures peuvent servir d'arme. Autour des mêmes outils de base, l'évolution a produit mille variantes.**

## LES DENTS DE LA MER

**Poissons et reptiles ne possèdent pas de dents spécialisées. Toutes semblables, elles sont régulièrement remplacées pour être toujours acérées comme des poignards.**

### Le silure glane

**Europe**

Ce géant d'eau douce est **le poisson qui possède le plus de dents**. Vivant en eaux calmes ou stagnantes, il fouille avec ses barbillons dans la vase, pour dénicher poissons, grenouilles ou écrevisses, qui finiront dans sa gueule tapissée de véritables râpes.

Sa gueule est garnie de **10 000 dents** minuscules.

*Le plus gros silure connu mesurait 5 m et pesait 306 kg.*

Le groupe dévore un cheval jusqu'aux os **en quelques minutes.**

*Il atteint 60 cm de long, avec des dents de 3 cm.*

### Le piranha

**Amérique du Sud**

Avec ses dents acérées comme des rasoirs, **le plus féroce poisson d'eau douce** arrache à ses victimes de gros morceaux de chair. Une grosse proie peut attirer des milliers de piranhas : dans le bouillonnement d'eau rougie, il peuvent même de s'entre-dévorer.

*Ses dents triangulaires atteignent 6 cm.*


*Ses mâchoires sont 20 fois plus fortes que celles d'un gros chien.*

## Le grand requin blanc

**Monde entier**

Sur les mâchoires du **plus terrible carnassier**, les dents avancent comme sur un tapis roulant. Quand la rangée de devant est usée, elle tombe, remplacée par la suivante... Plus étonnant : son corps entier est recouvert de plus de 10 000 dents plus petites, mais de même structure. Autrefois, on utilisait sa peau comme papier de verre !

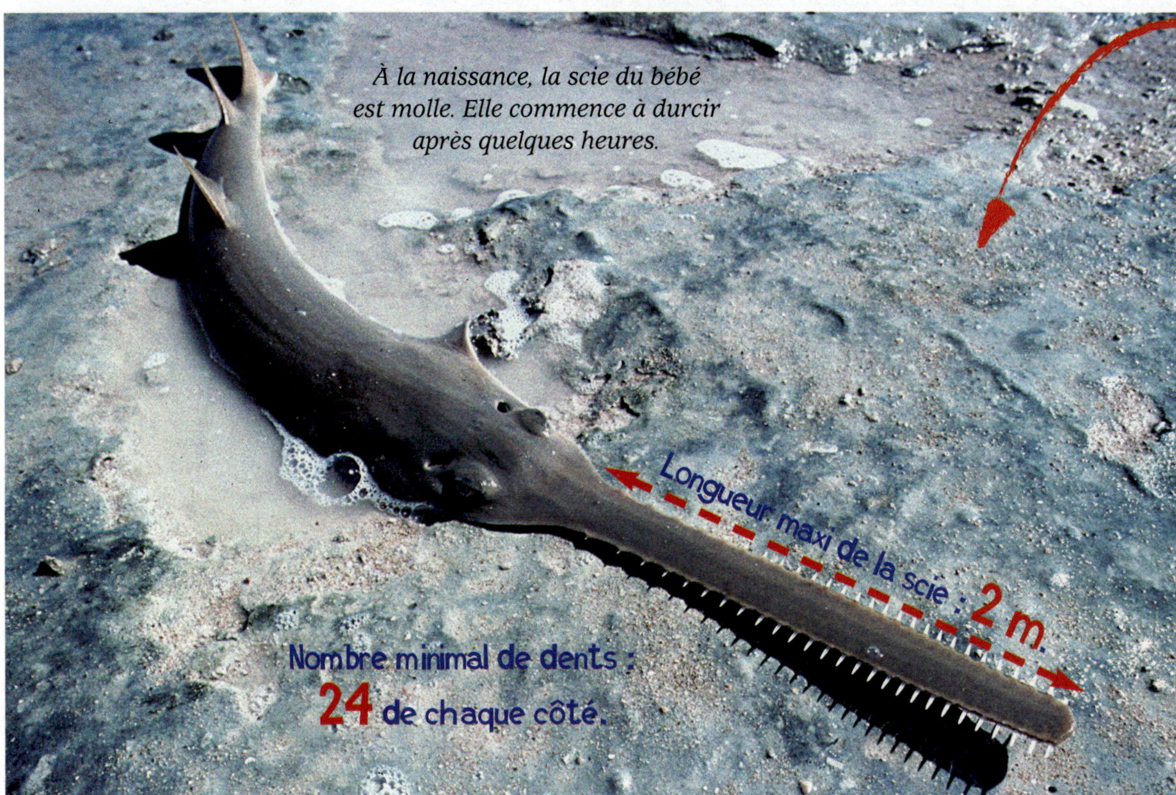

*À la naissance, la scie du bébé est molle. Elle commence à durcir après quelques heures.*

## Le poisson-scie

**Eaux tropicales d'Amérique**

Il possède **la plus longue scie** du monde animal, dont la longueur se rajoute aux 5 m que peut atteindre son corps. Pourtant, c'est un animal plutôt pacifique : il utilise surtout cette extension osseuse pour fouiller le sable. Mais en cas de danger, il peut foncer vers l'ennemi et faire des moulinets avec sa tête. Gare aux dégâts !

# DES INCISIVES POUR TRANCHER

*Il atteint 1,30 m de long et pèse 50 kg.*

Ses incisives poussent **en continu**.

## Le cabiai

**Amérique du Sud**

**Le géant des rongeurs**, comme plus de 2 000 autres espèces (souris, rats, écureuils, marmottes, castors, hamsters...), est condamné à ronger sans cesse du bois ou des plantes pour user ses dents. Sinon, elles finiraient par lui transpercer le crâne !

## Le cheval

**Monde entier**

Ce **puissant brouteur** ne rumine pas. Il doit hacher l'herbe avec ses incisives, avant de la mastiquer avec ses molaires situées en arrière. Ces végétaux très abrasifs usent peu à peu les dents : l'âge d'un cheval peut se deviner à leur forme.

### LES PLUS LONGUES DENTS

Les défenses de l'éléphant sont des incisives modifiées qui peuvent atteindre **3,50 m** et peser **100 kg** chacune ! Elles lui servent d'outils, d'armes et d'ornements à la saison des amours.

*Ses incisives atteignent 7 cm.*

Ses dents sont comme d'**énormes ciseaux**.

## DES CANINES POUR MORDRE

### Le babiroussa

Indonésie

Le mâle de ce sanglier de Malaisie possède **la dentition la plus étrange** : ses canines poussent en continu, transperçant son palais avant de se courber vers l'arrière. Impossible pour lui de creuser la terre : il est condamné à manger des feuilles et des fruits.

### Le tigre

Asie

De tous les fauves, il possède **les plus longs crocs**. Ils sont inclinés vers l'arrière, pour mieux rester plantés dans la gorge ou le dos de la victime. En secouant la tête, le fauve déchiquette facilement la chair.

*Les canines mesurent jusqu'à 8 cm, contre 6 cm pour celles du loup.*



## DES MOLAIRES POUR BROYER

### L'hippopotame

Afrique

Le plus gros animal terrestre, après l'éléphant, possède de longues canines pouvant atteindre 50 cm. Mais elles ne servent qu'à impressionner. Bien plus précieuses pour lui sont ses **énormes molaires**, qui broient les 40 kg d'herbe qu'il avale chaque jour.

*Pour impressionner un rival, il ouvre grand la bouche.*

C'est la matière animale **la plus dure** au monde !

*Chez l'hippopotame ou (comme ici) chez l'éléphant, une molaire peut atteindre 30 cm et plus de 4 kg.*

# BECS EN STOCK

**Comme les ongles et les griffes, le bec est fait de matière cornée produite par la peau. Il remplace les dents chez les oiseaux, les tortues et quelques rares mammifères.**

## Le calao casqué

**Afrique**

**Le bec le plus lourd** représente 10 % du poids de l'animal. Il est surmonté d'un casque compact et tranchant, qui sert à l'oiseau à se frayer un chemin jusqu'aux fruits dans la forêt vierge. Pour équilibrer le poids du corps, sa longue queue peut atteindre 1 m.

Son bec en ivoire massif pèse **300 g.**

*D'un coup de bec, il brise les branches.*

Son bec mesure **de 8 à 10 cm,** soit la moitié de l'oiseau.

*Avec son bec, il capture aussi les insectes en vol.*

## Le porte-épée

**Amérique**

Ce bel « oiseau-mouche » (colibri) est l'animal pourvu du **plus long bec par rapport à sa taille**. Il peut pomper le nectar dans des fleurs en forme de tubes étroits et profonds, participant ainsi à la pollinisation de ces fleurs.

## Le pélican blanc

**Amérique du Nord**

Ce grand oiseau détient le record du **plus long bec**. Redoutable pêcheur, il plonge dans l'eau et capture les poissons nageant près de la surface en les gobant dans sa poche extensible, ce qui lui permet de les ramener au nid.

Longueur du bec : **50 cm.**

*Le pélican mesure 1,80 m de long et jusqu'à 3,15 m d'envergure.*

# GRIFFES ET SABOTS

**Ils protègent l'extrémité des doigts des oiseaux, reptiles et mammifères. Ils poussent en continu pour compenser leur usure.**

*En 5 secondes, il creuse un trou pour se cacher.*

## Le tatou géant

**Amérique du Sud**

Il peut atteindre 1,50 m de long et peser 60 kg. C'est la plus grande des 20 espèces de tatous. Ce puissant terrassier sort la nuit et creuse le sol avec **les plus longues griffes du monde animal**, pour débusquer fourmis, vers de terre, termites ou parfois serpents.

*Agressif, il peut attaquer s'il se sent menacé.*

## Le casoar

**Australie**

Vivant dans la forêt tropicale, ce gros oiseau (1,50 m de haut et 80 kg) ne vole pas. Son « casque » en corne lui sert à fouiller le sol pour y dénicher des fruits tombés. De tous les oiseaux, il est celui qui a **les plus grandes griffes**. À la saison des amours, il les utilise pour se battre contre ses rivaux en cherchant à leur lacérer le ventre.

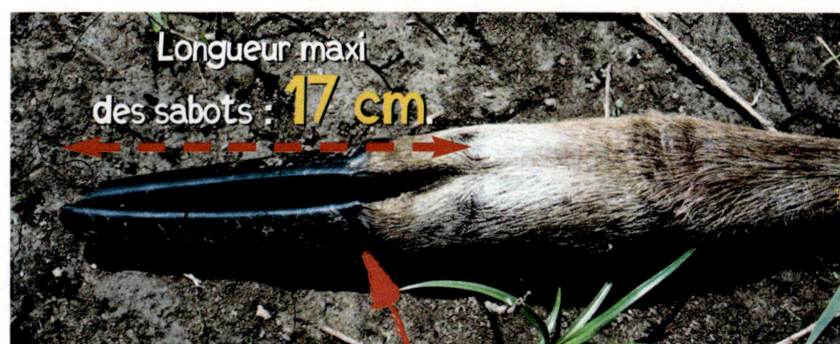


*Même sur terrain dur, il court très vite.*

## Le sitatunga

**Afrique centrale**

Si cette antilope possède **les plus longs sabots**, c'est parce qu'elle habite près des rivières et des marécages. Ils se plantent fermement dans la boue et lui permettent de rester stable pour brouter les herbes et les feuilles des arbustes.



### GRANDES GRIFFES

- Le **grizzli** : ses griffes de **15 cm** lui servent à lacérer les ruches sauvages ou à griffer les troncs d'arbres pour y laisser sa trace.
- L'**aigle** : ses serres de **5 cm** lui servent à tuer ses victimes. Avec son bec, il entreprend ensuite de les mettre en pièces.

# CORNES ET BOIS

**Ces armes spectaculaires servent surtout à affirmer le sexe et le statut social de leur propriétaire. Quitte, en cas de conflit, à devenir un argument très pointu !**

*Quand les mâles se battent, on entend le bruit des chocs à plus de 1 km à la ronde.*

## Le mouflon de Marco Polo

**Asie centrale**

Il possède **les plus longues cornes au monde**. L'ancêtre du mouton domestique est un animal trapu et robuste, très agile en montagne. Les cornes croissent toute sa vie, formant chaque hiver un nouveau bourrelet. Pratique pour déterminer son âge !

## L'élan

**Amérique du Nord, Europe du Nord**

Le géant des cervidés possède **les bois les plus lourds** : jusqu'à 45 kg. Constitués d'os, ils poussent au printemps, recouverts d'une peau de velours. Achevés pendant l'été, ils serviront aux mâles lors des affrontements de l'automne… puis tomberont en hiver, avant de repousser encore plus grands.

*Le mâle mesure 2,30 m au garrot, et pèse 800 kg.*

### LES INSECTES AUSSI

Certains insectes ont développé sur la tête des **protubérances** qui évoquent la forme de cornes et de bois. Leur fonction est exactement la même : les mâles combattent pendant que la femelle attend le vainqueur…

• Le **scarabée rhinocéros** : avec sa corne de 2 cm, il charge brutalement son rival.

• Le **lucane** : il mesure jusqu'à 10 cm, dont 3 cm pour les mandibules.

## Le bœuf watussi

Afrique

Ces bœufs, issus d'un croisement il y a des milliers d'années entre le zébu et le bœuf du Nil, sont les animaux domestiques aux **plus grandes cornes**. Leur envergure totale s'élève à 2,20 m ! C'est un animal vénéré par les peuples masai et watussi.

*À la saison des amours, les mâles se battent à coups de cornes.*

## Le bœuf kouri

Afrique

Cette race domestique vivant dans les zones humides autour du lac Tchad, proche du Sahara, possède **les cornes les plus larges**. Leur secret ? Elles contiennent des réserves d'eau et de graisse pour aider les animaux à traverser les fréquentes périodes de sécheresse.

*À la saison sèche, ses cornes s'amincissent.*

*Victime de sa beauté, elle est aujourd'hui menacée d'extinction.*

## L'antilope pallas

Inde

Appelée aussi « antilope cervicapre », elle possède sans doute **les plus belles cornes**. Réservées au mâle, elles n'atteignent pourtant pas le record absolu chez les antilopes, détenu par le grand koudou, une espèce africaine, avec des cornes de 1,70 m.

## Le rhinocéros blanc

Afrique

**La plus grande corne de rhinocéros** appartient à cette espèce géante qui peuple la savane et la brousse. En afrikaans, une langue dérivée du hollandais, on l'appelait le *wijd-lip*, ce qui signifie « lèvres larges ». Les Anglais ont confondu *wijd* avec *white* (« blanc »), d'où le nom de ce rhinocéros... gris !

*Il utilise sa corne pour charger d'autres mâles, lors de très violents combats.*

# LES PIQUANTS

**Le prédateur qui s'y frotte une fois... ne reviendra pas s'y piquer une deuxième !**

*Ses piquants sont des poils modifiés qui grossissent avec l'âge.*

## Le hérisson

**Europe**

**Le plus célèbre des animaux à piquants** trotte dans les sous-bois pour trouver insectes, escargots ou fruits à grignoter. À la moindre alerte, il se roule en boule. Tête, pattes, queue, rien ne dépasse de cette « pelote d'aiguilles », qui peut rester des heures sans bouger !

## L'échidné

**Australie**

C'est **le mammifère le plus primitif** : il fait partie de l'ordre des monotrèmes, un groupe apparu il y a environ 100 millions d'années. La femelle pond un œuf mou, qui éclôt dans un repli de son ventre. Lorsque le petit atteint 10 semaines, elle le congédie car ses piquants commencent à pousser. Aïe !

*En cas d'attaque, il se roule en boule ou s'enfouit en laissant dépasser ses piquants.*

### AUTRES « BLINDÉS »

- Indéformable, le corps du **poisson-coffre** forme l'**armure la plus carrée** : elle est constituée de plaques osseuses jointes bord à bord.

- Avec le tatou, le **pangolin** d'Afrique est **le seul mammifère à écailles**. Attaqué, il se roule en boule ou agite sa queue tranchante.

## Le moloch

**Australie**

Très lent, il se déplace dans le désert australien à la recherche de fourmis. Face à son ennemi le busard, **le plus hérissé des lézards** compte d'abord sur la ruse : il adapte sa couleur à celle du sol, comme le caméléon, et se fige dès qu'il se sent repéré.

*On l'appelle aussi « diable cornu ».*

Il est totalement **inoffensif.**

*C'est le plus gros rongeur d'Afrique.*

## Le porc-épic à grande crinière

**Afrique tropicale**

Lorsqu'il se sent en danger, **le mieux armé des porcs-épics** se hérisse en grognant. Acculé, il charge à reculons : les piquants acérés se détachent facilement et restent plantés dans le corps de l'attaquant. Les blessures sont souvent profondes, parfois même mortelles si elles s'infectent.

*Son squelette externe, protégé par les piquants, est appelé le « test ».*

## L'oursin diadème

**Atlantique, Caraïbes**

C'est **le champion des échinodermes**, un groupe qui compte 6 000 espèces marines « à la peau épineuse ». L'étoile de mer (autre échinoderme) a pourtant trouvé le moyen del'attaquer : elle fait surgir de son corps un estomac mou qui se glisse entre les aiguilles et pénètre au cœur de l'oursin pour le manger.

## Le poisson porc-épic

**Mers tropicales**

C'est un petit poisson à l'allure banale qui pullule près des récifs coralliens. Mais dès qu'il est inquiété ou dérangé, il aspire de l'eau et se transforme en une boule dure et acérée. Quel prédateur serait assez fou pour avaler **le plus piquant des poissons** ?

*Au repos, ses épines sont rabattues le long de son corps.*

# POISONS DES MERS

**Munis de harpons, de crochets ou d'aiguilles, les plus redoutables animaux marins se rencontrent dans les mers tropicales.**

## Le cône géographique

**Océans Indien et Pacifique**

**Le coquillage le plus venimeux** est un redoutable chasseur. Il attend qu'un poisson s'approche, puis éjecte violemment un dard en forme de harpon. Cette « fléchette » enduite de venin paralyse la victime.

*Il possède en réserve plusieurs dizaines de dards mesurant de 5 à 10 mm.*

## Le poisson-pierre

**Mers chaudes**

Caché parmi les rochers, les coraux ou sur le sable, **le plus venimeux des poissons** ressemble à un gros caillou. Mais dès qu'on le dérange, il dresse ses épines dorsales mesurant de 5 à 12 cm. Si un homme se pique, il peut mourir en quelques heures.

*Chacune de ses 13 épines dorsales est reliée à une glande à venin.*

## Le serpent Hydrophis

**Mers chaudes**

Il fait partie de la famille de serpents marins qui possède **le venin le plus toxique connu**. Curieux, il s'approche parfois des plongeurs, attiré par les reflets sur les masques. Heureusement, ce serpent pacifique n'attaque que s'il se sent menacé.

*Sa mâchoire est munie de crochets perfectionnés pour injecter le venin.*

## La guêpe de mer

**Australie**

Elle est de loin **la méduse la plus dangereuse**. Ses filaments sont recouverts de millions de capsules contenant chacune un harpon empoisonné prêt à jaillir au moindre contact. Un poisson sera immédiatement paralysé. Un homme risque un arrêt cardiaque.

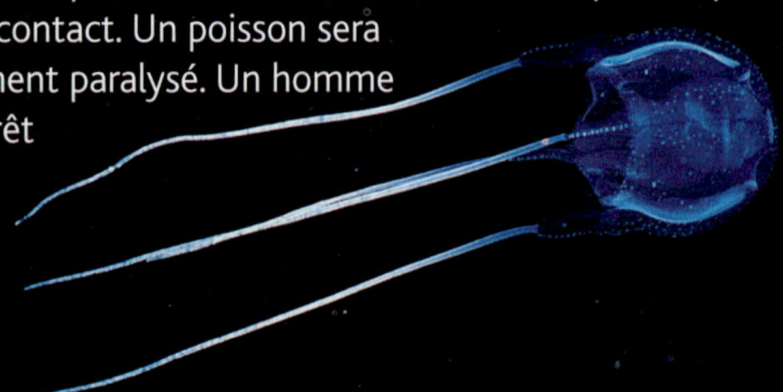

**La douleur peut tuer un homme en 2 min.**

*Ses filaments mesurent 5 mm de large et jusqu'à 5 m de long.*

# POISONS TERRESTRES

**Là où les proies sont abondantes, il leur suffit d'en attendre une pour la piquer ou la mordre.**

## La veuve noire

**Zones tropicales et méditerranéennes**

**L'araignée la plus venimeuse** tisse souvent ses toiles dans les recoins des maisons, où sa petite taille la rend difficilement repérable. Même si la quantité de venin injecté est très faible, sa morsure est très douloureuse et peut parfois être mortelle.

*Son corps ne mesure jamais plus de 1,2 cm.*

## Le taïpan

**Australie, Nouvelle-Guinée**

Les glandes du **plus venimeux serpent terrestre** produisent 400 mg de venin, de quoi tuer en théorie... 215 000 souris ! Attiré par les rongeurs, il vient souvent rôder près des fermes. Plutôt craintif, il préfère fuir devant l'homme. Mais s'il est provoqué, il frappera plusieurs fois, avec ses crochets de 12 mm.

## Le scorpion Androctonus

**Afrique du Nord, Moyen-Orient**

Parmi les 800 espèces connues, il serait **le scorpion le plus venimeux**, responsable chaque année de nombreux décès d'enfants. Nocturne, il se réfugie le jour dans des crevasses du sol ou sous des pierres et attaque dès qu'il est dérangé.

*Son corps, qui mesure de 6 à 10 cm, est jaune paille avec les extrémités plus sombres.*

*Il mesure jusqu'à 3,60 m.*

### BIZARRE LÉZARD

Aux États-Unis et au Mexique vit le **monstre de Gila**. C'est le seul lézard venimeux, qui chasse jeunes lapins, souris, écureuils ou oiseaux. Lorsqu'il mord sa victime, un venin sécrété par les glandes de sa mâchoire inférieure s'écoule dans la plaie.

# ARMES CHIMIQUES

**Il n'y a pas que le venin : des animaux ont imaginé d'autres défenses à base de liquides... Effet garanti contre un agresseur imprudent !**

## La timarche

**Europe**

Appelé aussi « crache-sang », le **plus spectaculaire des coléoptère** se rencontre souvent sur les chemins. Dépourvu d'ailes, il se défend en faisant le mort. De sa bouche et de ses articulations suinte alors un liquide rouge vif, qui a aussi très mauvais goût !

*Il mesure de 1 à 2 cm et bouge très lentement.*

Il asperge ses ennemis avec **un liquide bouillant.**

*Très corrosif, le liquide aveugle le prédateur.*

## Le bombardier

**Monde entier**

Pour se défendre, ce coléoptère produit **le liquide le plus chaud**. Il contracte son abdomen contenant 2 réservoirs séparés de substances chimiques. Le mélange provoque une réaction dégageant une forte chaleur. Sous la pression de la vapeur, le liquide jaillit : jusqu'à 30 giclées d'affilée, accompagnées de cliquetis effrayants !

## La mouffette rayée

**Amérique du Nord et centrale**

Cette cousine du putois possède une arme secrète : deux glandes situées à la base de sa queue, qui sécrètent **le liquide le plus infect** ! Épais, jaune et huileux, ce « musc » est projeté parfois jusqu'à 10 m, et la mouffette peut même viser avec précision jusqu'à 3 ou 4 m.

*De la taille d'un chat, c'est un animal peu farouche.*

Sa puanteur se flaire à **1 km.**

Elle est aussi belle… qu'elle **sent mauvais.**

*Pour éloigner les prédateurs, les oisillons émettent la même odeur nauséabonde que les adultes.*

## La huppe fasciée

Europe

Surnommée « oiseau papillon », cette migratrice possède **l'odeur la plus forte**, produite par une glande située près du croupion. Quand elle est attaquée, elle crie et donne des coups d'ailes et de bec. Si l'adversaire résiste, elle lui tourne le dos… et lui envoie des giclées puantes !

## La seiche

Monde entier

C'est l'animal marin possédant **l'encre la plus dense**. Face à l'ennemi, elle expulse brusquement cette solution de mélanine (des pigments colorants), tout en assombrissant son corps pour se confondre dans l'eau noire. Utilisée autrefois comme teinture, son encre est aussi appréciée en cuisine.

*Elle mesure 50 cm sans les tentacules.*

# ARMES ÉLECTRIQUES



**Certains poissons utilisent le courant électrique pour se repérer. D'autres s'en servent pour assommer ou tuer !**

## Le gymnote

Amérique du Sud

Ce poisson du bassin de l'Amazone paralyse ses proies (d'autres poissons) en leur infligeant **la plus forte secousse électrique** du règne animal. Ses deux organes producteurs d'électricité sont situés aux extrémités : sa tête sert de pôle positif, sa queue de pôle négatif.

*Long de 2 m, on l'appelle aussi « anguille électrique ».*

*Tout au long du corps, une ligne produit l'électricité.*

## La raie torpille

Monde entier

**La raie la plus électrique** possède, sous ses nageoires, des organes pouvant produire une tension de 300 volts. Il y a 2 000 ans, les médecins romains appliquaient des animaux vivants sur leurs patients pour guérir maux de tête et rhumatismes !

# PRIS AU PIÈGE

**N'importe quel champ au monde est habité par des milliers d'araignées, qui le transforment en terrain piégé. D'autres animaux ont aussi inventé des traquenards diaboliques !**

## TOILES

**La plus régulière est celle de l'épeire diadème, qui vit dans nos jardins. En voici d'autres, plus surprenantes encore...**

### L'araignée rétiaire

**Australie**

Suspendue à une branche, elle tisse **le plus perfectionné des pièges** : une toile de la taille d'un timbre, qu'elle tient entre ses deux paires de pattes avant. Dès qu'un insecte passe en dessous, rapide comme l'éclair, elle se laisse tomber et l'emprisonne...

*Son nom vient du gladiateur romain qui combattait dans l'arène avec des « rets » (filets).*

### HORS COMPÉTITION

Sur 35 000 espèces d'araignées, 15 sont sociales. Vivant en colonies de plusieurs centaines d'individus, elles construisent **des nids gigantesques**. Au centre, une sorte de hamac abrite un réseau complexe de galeries et de chambres. Autour, un « tapis de chasse » est tissé de façon assez irrégulière. Lorsqu'une proie est prise au piège, le groupe d'araignées le plus proche l'attaque, et leurs mouvements attirent les autres. On a ainsi vu des araignées de 5 mm attaquer des proies 800 fois plus grosses qu'elles !

*La toile peut mesurer 6 $m^2$.*

## L'araignée néphile

Madagascar

Cette araignée géante (jusqu'à 15 cm de long) tisse **les plus grandes toiles**. Elle est capable de produire plus de 100 m de fil par heure pour construire des rideaux très denses aux superbes reflets dorés. Très répandue à Madagascar, elle y est plutôt appréciée, car elle débarrasse les maisons des mouches et des moustiques !

## L'araignée bolas

Australie

**L'araignée la plus agile** sécrète un fil terminé par une goutte de liquide collant. Placée en embuscade, elle produit une odeur semblable à celle des papillons femelles… Un mâle approche ? Tenant son fil entre deux pattes, elle le fait tournoyer à une vitesse folle pour engluer sa victime.

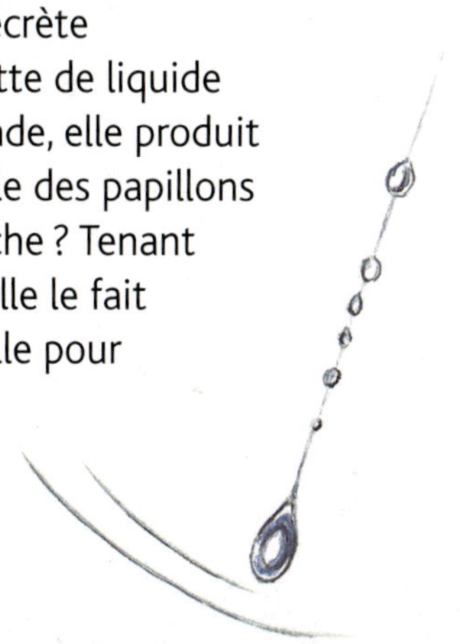



## LEURRES

Difficile de chasser dans l'eau boueuse ou les abysses sans lumière. La solution : faire en sorte que les proies viennent… jusqu'à votre bouche !

● La **tortue alligator** repose au fond de l'eau, gueule béante. Pour berner les poissons, elle agite un petit leurre rose, situé sur sa langue, qui ressemble à s'y méprendre à un ver.

● Le poisson **leptostomias**, comme de nombreuses autres créatures des grands fonds, possède un appendice en forme de canne à pêche, terminé par un organe lumineux. Ce « photophore » attire les petits poissons en imitant les vers luminescents.

# GUET-APENS

**Maîtres de la patience, ils attendent qu'une proie passe à leur portée. Puis ils attaquent, précis et rapides !**

## Le fourmilion

**Zones tropicales et méditerranéennes**

Adulte, il ne vit que quelques semaines. Mais à l'état de larve, **le plus patient des insectes** passe près de 2 ans tapi au fond de ses pièges, attendant qu'une fourmi imprudente dérape et glisse dans la fosse, directement vers ses redoutables mandibules…

*Il projette du sable pour provoquer une mini-avalanche et empêcher l'évasion de sa proie.*

*Les grands mâles se battent pour prendre les meilleures places.*

## Le grizzli

**Amérique du Nord**

En juillet, les saumons remontent les rivières pour aller pondre. **Le plus malin des ours** quitte alors son territoire et s'installe sur un rocher au milieu du cours d'eau. Là, il guette : quand les poissons bien gras sautent hors de l'eau, il les happe au bond.

*Son flotteur évoque les casques de soldats portugais d'autrefois, d'où le nom… Sur la mer, on en voit parfois des milliers flotter à la surface, comme une armée !*

Ses **filaments longs de 10 m** forment un « rideau de la mort ».



## La galère portugaise

**Eaux océaniques chaudes**

Aussi appelée « physalie », cette parente de la méduse n'est pas un seul animal, mais une association d'organismes ayant chacun une fonction précise : capture de proie, digestion, flottabilité, reproduction, attaque. Ce **« piège dérivant »** se laisse porter au gré des vents, en se servant de son flotteur comme d'une voile. Pour les poissons, ses longs filaments sont un cauchemar : s'ils les touchent, ils sont aussitôt paralysés par un poison semblable au venin du cobra.

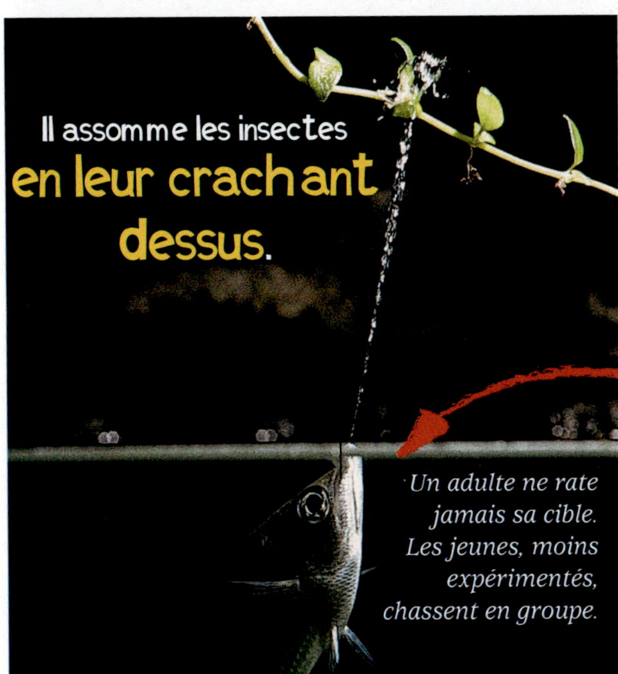

Il assomme les insectes **en leur crachant dessus.**

*Un adulte ne rate jamais sa cible. Les jeunes, moins expérimentés, chassent en groupe.*

## Le poisson-archer

**Asie**

Il est **le plus habile cracheur**. Ayant repéré un insecte au-dessus de l'eau, il ferme ses branchies et projette un jet si puissant qu'il déséquilibre sa proie. Sa précision est incroyable : jusqu'à 2 m de haut, en corrigeant la déformation optique produite par la surface du liquide.

# MIMÉTISME ET CAMOUFLAGE

**Les prédateurs utilisent l'un pour approcher discrètement leurs proies... Les proies utilisent l'autre pour se dissimuler aux yeux des prédateurs. Il faut toujours se méfier des apparences !**

## CHANGER DE COULEUR

**En un clin d'œil ou en quelques semaines, certains animaux s'adaptent si bien à leur environnement qu'il devient presque impossible de les voir. Jusqu'à ce qu'ils bougent !**

**GRAINS DE COULEUR**

Pour modifier sa couleur, le caméléon utilise la **mélanine**, la substance qui colore aussi notre peau. Chez lui, les cellules qui la produisent réagissent à l'environnement, mais aussi à la température, à la peur ou à l'agressivité... Des granules de mélanine sont alors dispersés sous la peau en produisant, selon le mélange, une couleur précise.

### Le caméléon

**Afrique, Asie**

Suivant l'espèce, **le roi du mimétisme** chez les reptiles peut arborer une palette de couleurs plus ou moins large, allant du noir au rouge vif en passant par le jaune et le vert... Ainsi caché, il capture les insectes en un éclair, avec sa langue aussi longue que son corps !

Il arbore même parfois des motifs colorés.

*Plus la lumière est forte, plus ses couleurs deviennent vives.*

*Au naturel, sa coloration est plutôt terne.*

Suivant la fleur, elle peut passer du blanc pur au jaune vif.

*Mouches ou abeilles : elle mange tout !*

### L'araignée-crabe

**Europe**

Assez commune, **la championne du camouflage chez les araignées** est facile à observer... si l'on réussit à la voir ! Cette redoutable chasseresse adopte (en quelques heures) la couleur précise de la fleur sur laquelle elle se met à l'affût. Ainsi, elle se protège des oiseaux... et trompe les abeilles, ses proies favorites.

## MUTATION EXPRESS

- Autrefois, la **phalène du bouleau**, un papillon d'Europe, était de couleur claire pour mieux se camoufler sur les troncs blancs.
- Dès le XIXe siècle, la pollution dûe au charbon a assombri les troncs dans de nombreuses régions. Seuls les papillons les plus foncés ont survécu, créant de nouvelles souches génétiques : en quelques générations, l'espèce s'était adaptée.
- Aujourd'hui, c'est l'inverse : les troncs redeviennent clairs… et les phalènes aussi !

*Quasi invisible, elle se confond avec son environnement.*

## La pieuvre

**Monde entier**

Ex aequo avec la seiche, elle détient le record du **changement le plus rapide**. Sous sa peau, des petits sacs s'ouvrent et se ferment en permanence. Les pigments qu'ils contiennent s'étalent comme des cristaux liquides sur un écran.

## Le lagopède

**Europe, Asie, Amérique**

La « perdrix des neiges », qui vit dans les montagnes et les toundras, connaît **le changement le plus régulier**. Comme l'hermine et de nombreux autres animaux non migrateurs, cet oiseau mue deux fois par an pour adapter son camouflage à l'environnement.

*En été, ses plumes sont légères, tachetées de brun clair comme la couleur du sol.*

*L'hiver, il se couvre d'un plumage épais, blanc comme neige.*



## JAUNE SAVANE

Dans la nature, le brun et toutes ses nuances sont les teintes les plus répandues. On les retrouve aussi sur le pelage des grands mammifères.

# PASSER POUR UN AUTRE

**Certains animaux ont pu survivre parce qu'ils ressemblaient à d'autres. Au fil de l'évolution, les ressemblances se sont accentuées, en permanence ou seulement dans certaines postures.**

Petite chenille ou **gros serpent** ?

*Elle se tortille pour imiter le balancement de tête du serpent.*

## La chenille du sphinx

**Amérique du Sud**

Pour espérer devenir papillon, **la chenille la plus bluffeuse** doit d'abord affronter les prédateurs. Menacée, elle soulève et dilate les deux derniers segments du thorax : une vraie « tête gonflable », avec deux gros yeux simulant même les reflets de la lumière !

## La blennie à dents de sabre

**Mers tropicales**

**La plus féroce imitatrice** possède la même forme, le même dessin et la même couleur que le labre nettoyeur (voir p. 114). Mieux encore, elle imite sa danse pour attirer les poissons. Mais dès qu'un « client » approche pour se faire nettoyer… elle plante ses dents dans une de ses nageoires pour arracher un bout de chair !

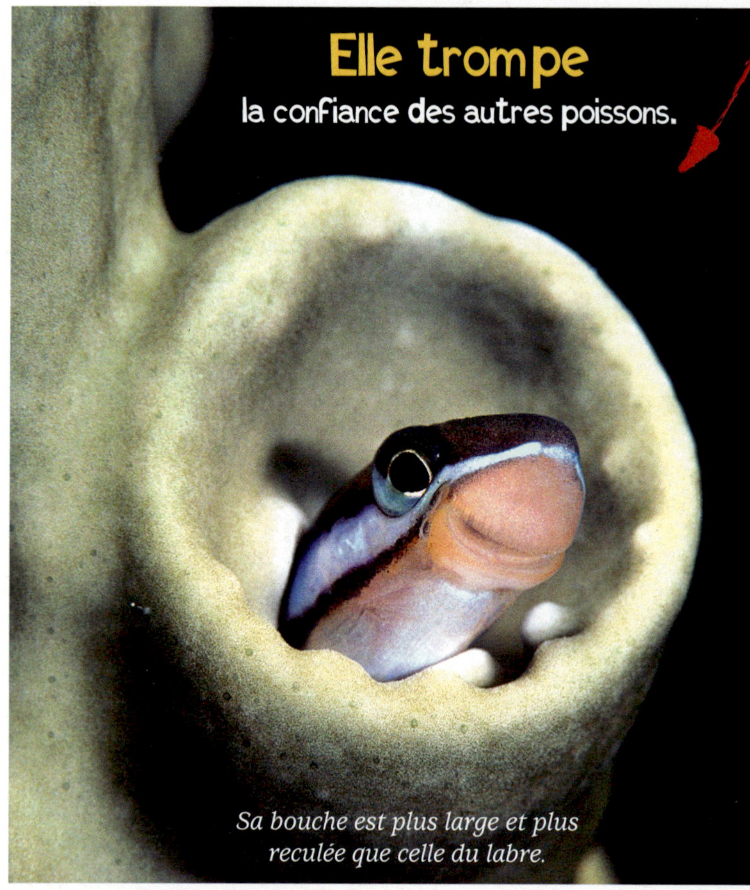

**Elle trompe** la confiance des autres poissons.

*Sa bouche est plus large et plus reculée que celle du labre.*

## Le syrphe

**Europe**

Ce n'est qu'une simple mouche inoffensive, dont la larve très vorace se nourrit de pucerons. Mais cet **excellent imitateur** a emprunté à la guêpe ses anneaux jaunes et noirs. Les oiseaux alertés par ce signal le laissent tranquille, de peur d'une cuisante piqûre.

Non, ce n'est **pas une guêpe** !

*Ses antennes sont plus courtes que celles d'une guêpe.*

# PLANTE OU ANIMAL ?

**Les rois de l'imitation végétale sont les insectes : grâce à une richesse incroyable de détails, ils trompent (presque) tous les prédateurs...**

*Elle se balance parfois pour imiter une feuille prête à tomber.*

## La phyllie

Asie

C'est peut-être **la plus stupéfiante imitation végétale**. L'« insecte-feuille » reproduit non seulement le tissu végétal, avec tout son fin réseau de nervures, mais aussi les accidents comme la déchirure des bords, ou même... les taches de moisissure !

## La punaise épineuse

Amérique

Les insectes membracidés forment **l'imitation collective la plus étonnante** : ils se fixent sur les tiges des plantes épineuses, en se confondant avec elles pour tromper les oiseaux. Un stratagème d'autant plus efficace qu'il y a peu d'insectes et beaucoup d'épines.

*Les « épines » sont des appendices sur la tête et le thorax.*



### SONS ET ODEURS

Parce que la vue est notre sens principal, nous remarquons surtout les mimétismes visuels. Pourtant, il existe d'autres types d'imitations. **La chouette des terriers**, par exemple, vit au sol dans des abris abandonnés. Pour dissuader les prédateurs terrestres, les poussins claquent du bec... en imitant le crachement des serpents venimeux ! Depuis quelques années, les scientifiques s'intéressent aussi aux « copies d'odeurs », très utilisées par les insectes.

*Même le vent qui secoue la branche ne la fait pas fléchir.*

## La chenille arpenteuse

Europe

C'est **la championne des chenilles** : ses pattes repliées sur la tête et les côtés du corps imitent même des bourgeons. Elle choisit soigneusement son emplacement, s'y accroche avec ses petits crochets, puis raidit le corps. Elle ne bougera qu'à la nuit, pour aller manger des feuilles...

# BRISER LA SILHOUETTE

**Le pelage du tigre te paraît voyant ? Ses rayures irrégulières lui offrent pourtant un parfait camouflage dans les hautes herbes. Un effet d'optique adopté par de nombreuses autres espèces...**

## La vipère du Gabon

**Afrique**

Enroulé sur le sol de la forêt, **le serpent le mieux camouflé** passe inaperçu. Comme le manteau d'Arlequin, son corps est recouvert de losanges et de carrés, qui « cassent » ses contours et rendent la forme de son corps indécelable.

*Elle peut mesurer 2 m et peser 12 kg.*

### SE CAMOUFLER DANS L'EAU

La plupart des **poissons de pleine mer** sont argentés. Leur peau ne possède pas de pigments colorés, mais des cristaux de guanine, une matière qui réfléchit la lumière. Chaque écaille reflète la couleur de l'eau comme un petit miroir... Ainsi, les grands bancs de poissons forment des masses mouvantes parcourues d'éclairs, qui sèment la confusion chez les prédateurs !

*Il existe 3 espèces de zèbres, aux rayures plus ou moins fines.*

## Le zèbre

**Afrique**

Quand le troupeau s'enfuit, difficile de savoir où commence et finit chaque animal ! Le prédateur, troublé, ne parvient pas à cibler une proie... **Les plus belles rayures** du monde animal serviraient aussi de « carte d'identité » au sein de la harde, chaque zèbre étant différent.

# FAIRE LES GROS YEUX

**Les « ocelles » sont un motif très employé. Idéal pour paraître beaucoup plus impressionnant !**

## Le cobra indien

**Asie**

En cas de danger, **le plus connu des serpents** se redresse et aplatit ses longues côtes, faisant apparaître sur son capuchon 2 motifs ronds. Il n'a plus qu'à se retourner et fuir… en semblant faire face à son agresseur !

*On l'appelle aussi « naja » ou « serpent à lunettes ».*

## La grenouille à faux yeux

**Amérique du Sud**

Menacée, **la plus impressionnante des grenouilles** enfonce la tête dans le sable, et présente ses « faux yeux » au prédateur. Si cela ne suffit pas, elle dégage aussi une odeur infecte…

## DES YEUX SUR LES AILES

**• LE GRAND PAON DE NUIT**

C'est **le plus grand papillon d'Europe** (15 cm d'envergure). Au repos, ses ocelles sont cachées. Si un oiseau approche, il les exhibe, imitant le regard perçant d'un hibou.

*Il mesure 13 cm d'envergure.*

**• LE PAPILLON CALIGO**

C'est un **triple imitateur**. Quand il est posé sur une branche, les ailes fermées, le prédateur voit un gros œil de rapace. Mais aussi la tête d'un serpent, ou l'arrière d'une grenouille toxique !

*Iris et pupille : ses ocelles imitent la structure d'un œil.*

# PLUS MALIN QUE L'AUTRE !

**Ils ne sont pas assez forts pour se battre. Mais ces animaux ont tous une « botte secrète », une stratégie de la dernière chance pour sauver leur peau.**

## SURPRENDRE

**Même si on est inoffensif, on peut faire très peur… et profiter de l'hésitation de l'assaillant pour filer !**

Le **lézard à collerette**, des déserts d'Australie, déploie brusquement sa membrane de peau, repliée en temps normal autour du cou.

Un tueur l'a repérée malgré son camouflage. Ultime stratégie de la **mante-fleur** : se dresser en écartant ses grandes pattes. Bouh !

Le **scinque à langue bleue** australien projette son énorme langue colorée sur l'ennemi : une belle frayeur !

### DÉTOURNER L'ATTENTION

Le **pluvier**, le **courlis** ou la **bécasse** sont des oiseaux qui nichent au sol. Un renard approche ? **Les plus comédiens des oiseaux** poussent des cris plaintifs et s'éloignent du nid en sautillant, faisant semblant d'être blessés. Le prédateur se détourne du nid pour se ruer sur cette « bonne aubaine »… qui s'envolera un peu plus loin.

# S'AUTOMUTILER

**Abandonner un morceau de soi : c'est l'« autotomie », une tactique extrême et spectaculaire.**

**CHAMPIONNE !**

L'**étoile de mer** peut reconstituer un corps entier… à partir d'un seul bras.

## Le lézard

Monde entier

Chez la plupart des espèces, la queue présente des points de rupture. En cas de danger, le lézard contracte ses muscles, et abandonne derrière lui sa queue… qui **continue à frétiller** comme un gros ver. Mais elle ne repoussera qu'une fois !

## Le concombre de mer

Atlantique Nord

Inquiété, il rejette par l'anus de longs filaments gluants. Le prédateur insiste ? Le concombre **expulse alors son tube digestif**, fournissant un repas à son agresseur. Heureusement, la régénération de ses organes est très rapide !

# FAIRE LE MORT

**La plupart des carnivores ne sont pas des charognards. Un animal mort ? Non merci !**

## Le serpent à groin

Amérique du Nord et Mexique

Il pousse loin la comédie, en émettant une odeur rappelant celle de **la chair en décomposition**. Sa faiblesse ? Si on le remet sur le ventre, il se retourne à nouveau. Démasqué !

## L'opossum de Virginie

Amérique du Nord

Sa première réaction est de gronder en montrant les dents. Sans effet ? Il se laisse alors tomber, **gueule ouverte et yeux mi-clos**. Ses glandes anales produisent aussi un liquide verdâtre qui imite l'odeur de la putréfaction.

# 9 • L'ANIMAL ET L'HOMME

UTILES OU NUISIBLES, LES ANIMAUX ACCOMPAGNENT NOTRE ESPÈCE DEPUIS LES ORIGINES. DANS TOUTES LES CIVILISATIONS, ILS ONT PERMIS DE FAIRE PROGRESSER LES TECHNIQUES ET LES SCIENCES, INFLUENCÉ L'ART ET LES CROYANCES... HÉLAS POUR EUX, LE SORT DE NOMBREUSES ESPÈCES REPOSE DÉSORMAIS ENTRE NOS MAINS.

## TABLEAU D'HONNEUR

- **Aristote** (384-322 avant J.-C.) : philosophe, il observe aussi plus de 500 animaux, invente un classement scientifique et comprend le premier certains phénomènes comme la migration des anguilles…
- **Charles Darwin** (1809-1882) : naturaliste et biologiste, il publie en 1859 *De l'origine des espèces*… où il ose, pour la première fois, affirmer le degré de parenté entre le singe et l'homme. Sa théorie lui vaut alors bien des insultes !
- **Richard Owen** (1804-1892) : anatomiste et paléontologue, il est le premier à s'intéresser aux ossements fossiles de grands reptiles. Pour eux, il invente en 1842 le terme « dinosaure » (« terrible lézard », en grec).

*Depuis 2 000 ans, les Kazakhs de Mongolie chassent à l'aigle : les serres du rapace n'abîment pas la fourrure des marmottes, des lièvres ou des renards. L'oiseau, uni à son maître par une étroite complicité, reçoit un peu de viande en récompense. C'est aussi sur ces immenses steppes d'Asie que fut domestiqué le cheval, il y a environ 5 000 ans.*

# PREMIERS CONTACTS

**Au début, l'homme se contentait de chasser les animaux. Peu à peu, il a appris à en domestiquer certains pour utiliser leur force et leur ruse, ou simplement pour se nourrir…**

## FACE AUX SAGAIES

**Les chasseurs de Cro-Magnon, il y a 30 000 ans, ont participé à l'extinction des derniers géants de la préhistoire. Avec leurs couteaux et leurs lances de silex, ils étaient devenus les plus forts.**

### LES TRACES PARLENT

Le seul ennemi du grand ours était l'homme, qui lui disputait les meilleures cavernes. En durcissant, le sol de boue a gardé traces de leurs terribles luttes. Parfois, on a aussi retrouvé des **ossements** et **des crânes d'ours** soigneusement triés et mis en valeur. Ces restes, ainsi que les dessins sur les parois, permettent de penser que les hommes vouaient aussi un culte à leurs dangereux voisins…

Il pouvait atteindre **900 kg** !

### L'ours des cavernes

**Disparu depuis 10 000 ans**

Il fut longtemps **le carnivore le plus répandu** en Europe. Comme l'ours brun actuel, il se nourrissait de racines et de tubercules, et pêchait des truites et des saumons. Ses puissantes mâchoires étaient armées de canines de plus de 10 cm de long. Son épaisse fourrure lui permit d'affronter le climat des périodes glaciaires.

*Il était environ un tiers plus gros que l'ours brun actuel, son cousin.*

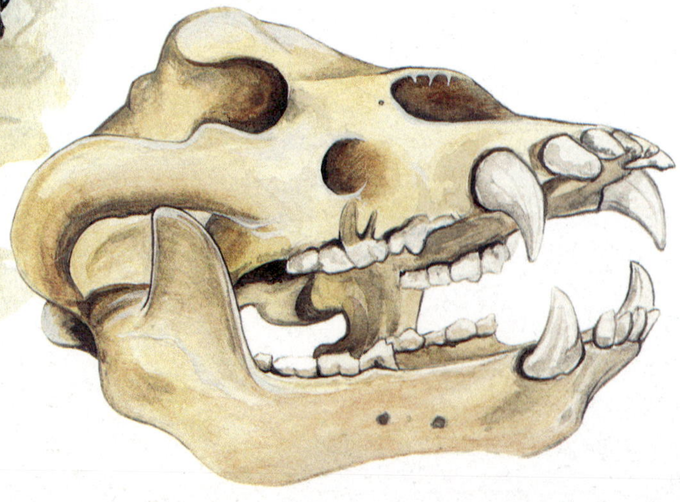

## Le mammouth laineux

Disparu depuis 6 000 ans

**La plus grosse proie** chassée par nos ancêtres était un peu plus grande que l'éléphant d'Asie, son cousin vivant le plus proche. Vaincue par le réchauffement climatique, la dernière espèce s'est éteinte en Sibérie. On a retrouvé des dizaines d'individus intacts, congelés dans la tourbe.

*Ses défenses recourbées atteignaient 4 m.*

*Mâles et femelles portent des bois.*

## Le renne

Régions arctiques

Ce petit cervidé (jusqu'à 1,10 m au garrot) vit dans les toundras en immenses hardes. Aujourd'hui semi-domestiqué, il était autrefois **la proie la plus précieuse** des chasseurs. Cuir, tendons, os et bois servaient à fabriquer vêtements, tentes, aiguilles, hameçons, harpons, propulseurs...



### TRÉSOR INTACT

En 1994 a été découverte en Ardèche la grotte Chauvet. Les peintures y « dormaient » **depuis 31 000 ans** ! Ce sont les plus anciennes peintures rupestres connues à ce jour. Plus de 400 animaux y sont figurés, avec une extraordinaire technique d'estompe et de perspective. Parmi eux figure la première image connue d'une panthère. Émouvant : on y a trouvé aussi dans la boue l'empreinte du pied d'un enfant de 11 ans...

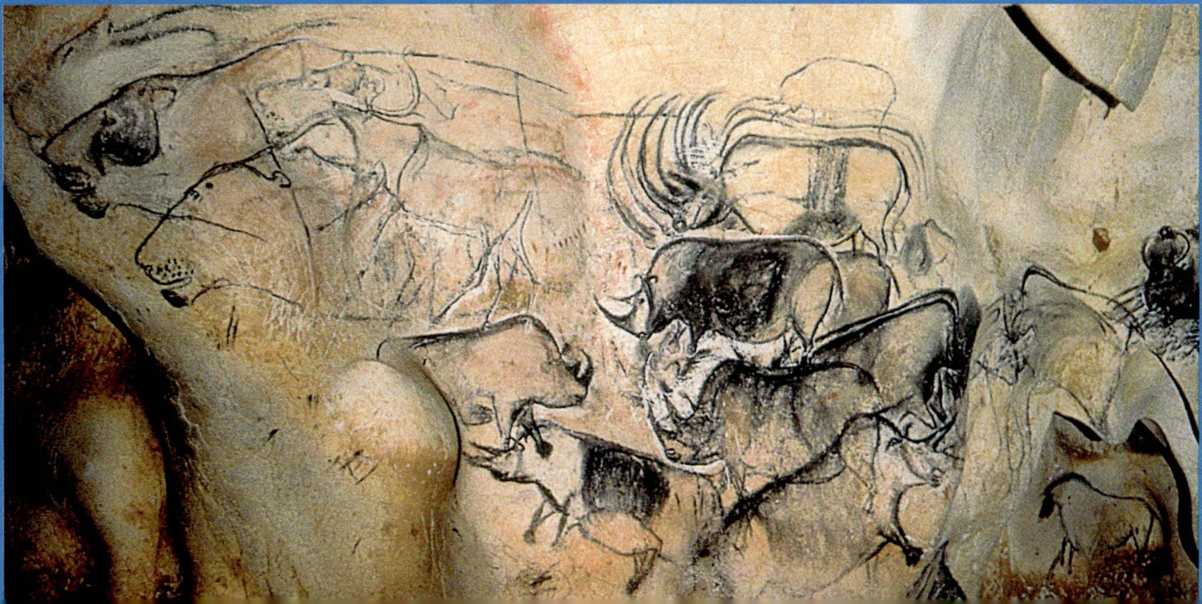

# L'AVENTURE DOMESTIQUE

**Un jour, un homme recueillit un jeune animal sauvage et l'éleva. Quand cet animal eut des petits à son tour, l'homme faisait déjà partie de leur vie : une race domestique était née.**

## Le mouflon méditerranéen

**Sardaigne, Corse**

Originaire d'Asie, le mouflon aurait été domestiqué en Irak il y a 10 000 ans. De là, son élevage se serait étendu vers l'Europe à partir du bassin méditerranéen. Le mouflon (devenu mouton à force de sélection par l'homme) fut longtemps **l'animal domestique le plus répandu**. Il est à l'origine de toutes les races actuelles. En Corse et en Sardaigne, c'est l'inverse : ce sont des moutons qui, il y a 8 000 ans, se sont échappés de troupeaux pour retourner à l'état sauvage. Avec le temps, ils sont donc redevenus des mouflons !

## Le cheval de Przewalski

**Chine, Mongolie**

Il y a environ 5 000 ans, dans les steppes d'Asie, c'est un cheval de ce type qui fut le premier monté par un cavalier. Avec le tarpan qui vivait en Europe, il était alors **le cheval sauvage le plus répandu**. Le tarpan a disparu vers 1850, quand l'homme l'a croisé avec des chevaux domestiques. Le przewalski, lui, vivait encore récemment à l'état sauvage en Mongolie : le dernier y fut observé en 1968. Aujourd'hui, cette race survit dans des zoos, mais on cherche à réintroduire l'espèce dans son pays d'origine. 200 chevaux environ ont été relâchés en 2003. Certains venaient du causse Méjean, dans les Cévennes, où un troupeau vit depuis 1994.

# L'aurochs

**Disparu depuis 400 ans**

Des fouilles en Turquie ont révélé qu'il fut **le premier bovidé domestiqué**, il y a environ 8 500 ans. Grands et farouches, les mâles (au pelage noir) mesuraient jusqu'à 2 m au garrot, contre 1,50 m pour un grand taureau actuel. Les premiers éleveurs sélectionnèrent les aurochs les plus petits et les plus dociles, qu'ils utilisèrent d'abord pour leur viande et leur peau. Les femelles (au pelage brun rouge) furent aussi employées pour produire du lait, ce qui permit à nos ancêtres de faire reculer la mortalité infantile.

*À force de croisements, on a réussi à recréer une race de bovins qui lui ressemble beaucoup.*

C'est l'ancêtre du bœuf domestique.

## ENTRE CHIEN ET LOUP

- Malgré leurs différences physiques, toutes les races de chiens descendent d'une seule espèce sauvage, le loup. Son apprivoisement aurait commencé voici 15 000 ans dans la forêt sibérienne.
- En devenant un animal domestique, le chien s'est différencié du loup. Sa tête s'est raccourcie, avec une mâchoire moins forte et des yeux plus arrondis. Ses pattes avant ont perdu de leur puissance. Son comportement aussi a changé : le chien se conduit toute sa vie comme un louveteau, en aboyant et en cherchant à jouer !

*Les chiens retournés à l'état sauvage ne redeviennent pas des loups ! Quelle que soit la race de départ, ils évoluent vers un corps petit et mince, avec un pelage brun-jaune et des oreilles dressées, comme le dingo d'Australie.*

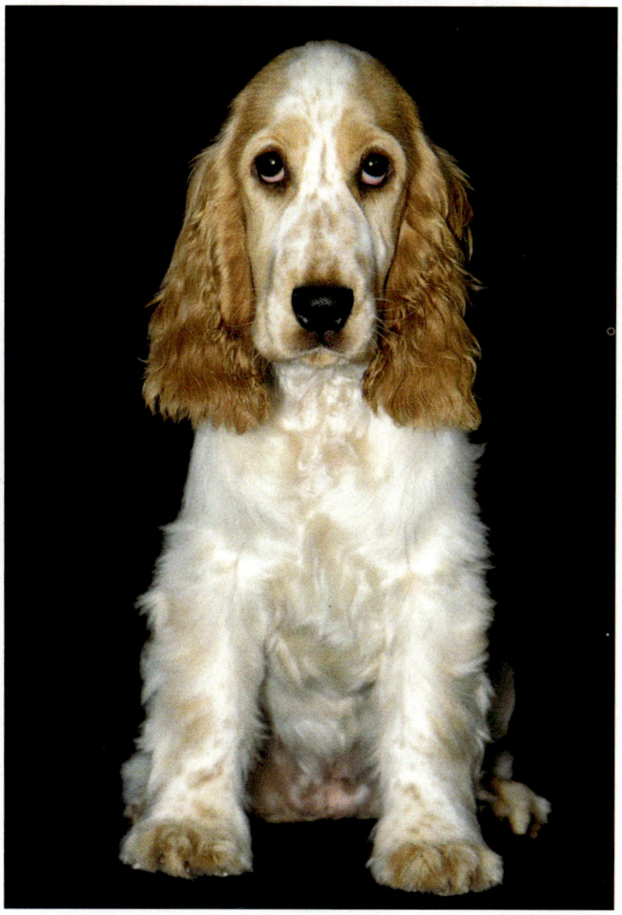

*À force de croisements, l'homme a créé des races de chiens spécialisées, pour la chasse, la course, le sauvetage... D'autres sont tout simplement des animaux de compagnie appréciés pour leur physique. Ainsi le cocker avec ses longues oreilles... qui seraient un vrai handicap s'il vivait dans la nature !*

# MON ANIMAL PRÉFÉRÉ

**Au xx^e siècle, des machines ont remplacé les animaux de labeur. Dans le même temps, les animaux de compagnie se sont multipliés : des dizaines de races ont été créées !**







## LE CHIEN : TOUS LES STYLES

**Il en existe environ 340 races. En France, il est présent dans 3 foyers sur 10, ce qui représente 8 millions de chiens : c'est le record en Europe.**

*En moyenne, il mesure 20 cm et pèse 1,5 kg.*

### Le chihuahua

Comme le yorkshire nain et le caniche toy, **le plus petit chien** peut parfois tenir dans une poche ! C'est un animal courageux et robuste, à ne surtout pas traiter comme un bibelot fragile. Sa seule crainte ? Qu'on lui marche dessus, ce qu'il essaie d'éviter en aboyant…

*Aux États-Unis, il chasse loups et coyotes.*

### L'irish wolfhound

Déjà connu des Romains il y a 2 000 ans, **le plus grand chien** partage son record avec le dogue allemand. Debout, il pose facilement ses pattes sur les épaules d'un homme ! Il devient adulte en 30 mois, fabriquant autant d'os et de muscles qu'un humain en 20 ans.

### PALMARÈS DES RACES

En France, le **caniche** représente à lui seul **15 % des chiens**. En deuxième place, on ne trouve pas un chien de race, mais un « bâtard » dans 9 % des foyers. Viennent ensuite le berger allemand (7 %), le yorkshire et le labrador (7 %), puis l'épagneul breton (6 %).

## Le mastiff anglais

Longtemps utilisé pour la guerre ou les jeux du cirque, ce molosse a l'air plutôt sympathique. Mais attention ! Doux avec ses maîtres, il se méfie des inconnus. Il est **le chien le plus lourd**, mais pas le plus fort : le record appartient à un dogue allemand qui a tiré une charge de 3,4 tonnes.

*Il peut atteindre 95 cm au garrot.*

Poids maxi : **160 kg**

*Son pelage est très épais et serré.*

Il survit par **– 40 °C**.

## Le chien du Groenland

Endurant, sobre et puissant, il est réputé comme étant le meilleur chien de traîneau. C'est aussi celui qui est resté **le plus proche du loup** : il n'aboie pas, préférant hurler ou grogner. Le record d'endurance est détenu par un attelage qui a parcouru 1 680 km en 11 jours.

### RECORDS EN VRAC

- **Le saut le plus haut : 3,55 m** (berger allemand)
- **Le saut le plus long : 9,20 m** (lévrier)
- **La plus importante portée : 23 chiots** (dogue allemand)
- **Le plus vieux : 29 ans et 5 mois** (griffon)

### LE PLUS FRISÉ

Non, les poils du **komondor** ne sont pas tressés : ils forment naturellement des cordes impossibles à démêler. On a parfois du mal à distinguer sa tête de sa queue : il faut attendre qu'il se mette en marche, dans de grandes vagues ondulantes. Robuste et courageux, il accompagne en Hongrie les policiers dans les régions enneigées.

### LE PLUS PLISSÉ

Sa bizarrerie l'a rendu célèbre : le **shar-pei** possède dès la naissance un « pyjama » de peau bien trop grand. Calme et sûr de lui, il n'est jamais agressif, et ne connaît ni le stress ni la peur.

C'est aussi un bon chien de garde, à l'allure impressionnante. Autre curiosité, il semble rajeunir en vieillissant : ses plis s'estompent avec le temps.

# LE CHEVAL : TOUTES LES TAILLES

**Il existe environ 180 races de chevaux et de poneys. Quelle différence entre les deux ? C'est juste une question de taille : en dessous de 1,48 m au garrot, on parle de poney.**

## Le falabella

Argentine

**Le plus petit cheval** du monde fut créé au XIXe siècle en croisant des poneys shetland avec de petits chevaux indiens. Il est très gentil et joueur, mais on ne peut pas le monter, seulement lui faire tirer une petite carriole !

### COMBIEN DE PATTES ?

Combien y a-t-il de chevaux dans le monde ? Pas facile de le savoir. Les Nations unies donnent ces chiffres moyens :

- **Amérique du Sud : 16 millions**
- **Asie : 14 millions**
- **Amérique du Nord : 14 millions**
- **Europe : 11 millions** (dont 400 000 en France)
- **Afrique : 5 millions**
- **Monde entier : 60 millions**

## Le pur-sang anglais

C'est **le cheval le plus rapide**. Le record absolu est détenu depuis 1945 par Big Racket, qui atteignit 70 km/h (sur 400 m) lors d'une course à Mexico. La race fut créée en Angleterre, en croisant des juments de course avec 3 étalons arabes : Byerley Turk, Darley Arabian et Godolphin Arabian, importés entre 1689 et 1734. Aujourd'hui, le pur-sang est répandu dans le monde entier, mais il descend toujours d'un de ces 3 prestigieux ancêtres !

## Le shire

Angleterre

**Le géant des chevaux** est aussi le plus puissant. Il est encore employé par certaines brasseries anglaises pour livrer les tonneaux de bière : il peut tirer jusqu'à 5 tonnes. Énergique et actif, c'est un cheval au caractère doux qui peut sans danger être monté par un enfant.

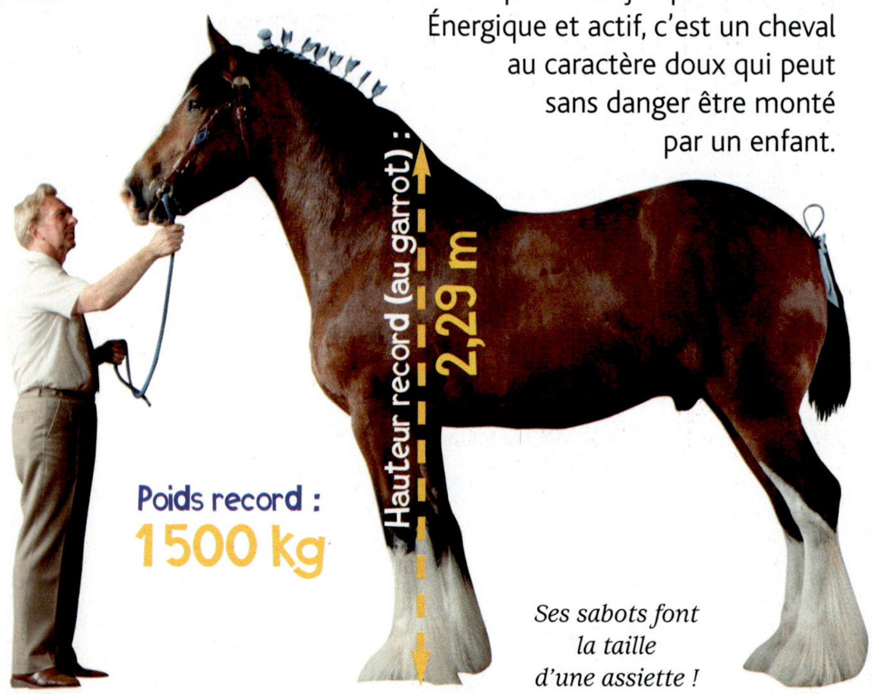

*Sa robe est gris pommelé ou noire.*

## Le percheron

Originaire de France (dans le Perche), c'est aujourd'hui **le cheval de trait le plus populaire** au monde, et sa race est en progression. Au Japon, par exemple, les parieurs raffolent des courses opposant des percherons attelés à des traîneaux, sur du gazon ou du sable !

## Le mérens

Originaire des Pyrénées, ce petit cheval noiraud et poilu représente peut-être **la plus ancienne race d'Europe**. Il ressemble à ses ancêtres peints, il y a 13 000 ans, dans la grotte de Niaux dans l'Ariège. Jusque dans les années 1960, on a continué à l'utiliser en agriculture.

*Sa robe noire est dite « zain », sans un seul poil blanc.*



## CROISEMENTS SAVANTS

Le cheval possède seulement 3 cousins : l'âne (domestiqué depuis longtemps), l'hémione (qui le fut autrefois) et le zèbre (qui ne le sera jamais). Fait étonnant, tous peuvent se reproduire entre eux. Connu depuis au moins 5 000 ans, le croisement du **cheval avec l'ânesse donne le bardot**. Celui d'un **âne avec une jument, le mulet** (ou mule). Cependant, mulets et bardots sont le plus souvent stériles. Le croisement des chevaux avec les ânes doit donc être renouvelé à chaque génération.

*Le bardot est petit et manque un peu d'ardeur.*

*Le mulet, aussi grand qu'un cheval, est très résistant.*

# LE CHAT : TOUTES LES COULEURS

**Il en existe environ 60 races, dont plus de la moitié ont été « créées » au XXe siècle ! Les amateurs distinguent aussi plus de 80 nuances de pelage : lilas, bleu, fumé, chocolat…**

*Son pelage est souvent tigré : ce motif sauvage est un bon camouflage.*

Il représente 90 % des chats.

## Le gouttière

**Le chat le plus répandu** est le résultat d'un mélange de toutes les races, à toutes les époques et partout ! Il peut donc adopter toutes les morphologies, toutes les longueurs de poil et toutes les couleurs… Et même si la race n'a aucune valeur marchande, les plus beaux mâles sont utilisés par les éleveurs pour améliorer certaines races « nobles ».

## Le singapour

Poids maxi : 2 kg

En 1975, dans les rues de Singapour, un couple d'Américains découvrit ce chat, qui constitue **la plus petite race au monde**. Ils en ramenèrent 5 petits, de femelles différentes, afin de créer une nouvelle souche qui n'a cessé depuis de se développer. C'est un chat très curieux, au caractère calme et affectueux.

*Son pelage est ivoire, avec chaque poil « tiqueté » de 2 bandes brunes.*

### RECORDS EN VRAC

- Le **plus gros chat** : **21,3 kg** (gouttière mâle castré).
- Le **plus vieux** : **36 ans** (gouttière).
- La **plus grande portée** : **19 chatons** (birman).
- La **plus grande descendance** : **420 chatons** (femelle gouttière).

*Sa tête est large et ses grandes oreilles sont surmontées de plumets.*

Le mâle peut atteindre 14 kg.

## Le maine coon

Il y a 3 siècles, aux États-Unis, des chats domestiques s'échappèrent des fermes et redevinrent « sauvages ». Ce sont les ancêtres de ce **géant des chats**, au corps massif et au pelage très fourni. Adapté au climat rude, il possède même des poils entre les doigts pour prendre appui sur la glace !

## Le persan

Autrefois, le siamois était **le chat de race le plus répandu**. Il a été détrôné par le persan, une race développée par les éleveurs anglais à partir du chat angora. Son pelage long et soyeux est muni d'un abondant sous-poil. Le plus recherché, très difficile à obtenir, est l'unicolore, sans aucune marque sur le pelage.

## Le chartreux

La présence de **la plus ancienne race française** est attestée dans les monastères au XVIe siècle. Chez lui, tout est bleu-gris : le pelage serré et lustré, mais aussi la truffe, les coussinets et même la peau ! Ce chat, qui dégage une impression de force et de souplesse, est également un excellent chasseur de souris.

*Ses yeux sont orange vif ou cuivre.*

## DRÔLES DE CHATS

Parfois, au milieu d'une portée ordinaire, naît un **chaton mutant**. En transmettant ses gènes, il peut être à l'origine d'une nouvelle race…

### *Le manx*

*Originaire de l'île de Man, il possède parfois un moignon de queue, et souvent… rien du tout ! En plus, ses pattes arrière sont plus longues que celle de devant : il avance en sautillant comme un lapin.*

### *Le sphinx*

*La race fut créée en 1964 par un éleveur canadien. Sa peau rose n'est pas vraiment nue, mais recouverte de poils minuscules. Il craint les coups de soleil et s'enrhume facilement !*

### *Le scottish fold*

*Cette race fut créée en Écosse en 1961. Bien droites à la naissance, les oreilles se replient progressivement. Problème : les chats « normaux » croient qu'il rabat les oreilles pour se battre !*

# LES GRANDS FAVORIS

**Chiens et chats ne sont pas seuls à envahir les maisons. Agréables à regarder et faciles à vivre, voici d'autres espèces capables de te faire craquer aussi !**

## Le cochon d'Inde

Nul ne connaît le nombre total des petits rongeurs domestiques. Appelé aussi « cobaye », voici **l'un des plus populaires**. Originaire des Andes, il s'habitue bien à la vie dans la maison, où il circule souvent en liberté.

Il est ex æquo avec le hamster et le lapin nain.

*Il mesure de 20 à 40 cm de long et pèse jusqu'à 500 g.*

Les éleveurs en créent 10 variétés par an.

*Utile dans les bassins, il dévore les larves de moustiques.*

## Le guppy

**Le poisson d'aquarium le plus vendu** est surtout élevé en Asie, où existent de nombreuses variétés rivalisant par leurs couleurs et la forme de leurs nageoires. Le guppy sauvage, lui, qui vit en Amérique centrale, est plus petit et moins coloré mais beaucoup plus résistant.

## Le pigeon voyageur

**Le plus rapide messager** peut parcourir jusqu'à 1 000 km par jour. Il était déjà utilisé par les Égyptiens il y a 5 000 ans. Aujourd'hui encore, les colombophiles sont nombreux : 800 000 pigeons sont bagués annuellement en France. Chacun doit être enregistré, sous peine d'une forte amende !

*Le pigeon est muni de 2 bagues scellées.*

Vol record : 8 500 km (ou 11 250 km s'il a contourné le Sahara)

L'éventail de ses couleurs est quasiment infini.

*Elle mesure de 15 à 20 cm, pour 30 cm d'envergure.*

## La perruche ondulée

C'est **l'oiseau le plus apprécié** au monde. Robuste et joyeuse, la perruche est une bonne acrobate et souvent une excellente imitatrice. La forme sauvage, qui vit en Australie, est verte avec la face jaune. Plus grandes, les variétés d'élevage présentent de multiples couleurs et leurs plumes sont plus longues.

# ATTENTION, DANGER !

**Vivre en compagnie d'un animal étrange, pourquoi pas ? Sauf que cela peut entretenir des trafics odieux, et provoquer des déséquilibres écologiques…**

*Sa carapace arrondie comme un galet la rend difficile à attraper.*

## La tortue de Floride

Cette tortue aquatique fut longtemps **la plus vendue en France** : 3 millions par an dans les années 1970 ! Résultat, on estime à 500 000 le nombre de tortues relâchées dans la nature, où elles ont concurrencé la cistude,la seule espèce aquatique locale.

## Le pitbull

Créé aux États-Unis, **le chien le plus agressif** est issu de divers mélanges de molosses et de terriers. Dangereux et incontrôlable, il a fait de trop nombreuses victimes. En France, sa reproduction est interdite depuis 1999, et il ne devrait plus y en avoir aucun en 2010.

### SEIGNEUR EN CAGE

Aux États-Unis vivent désormais plus de tigres « **domestiqués** » (environ 10 000, dont 80 % chez des particuliers) qu'il n'en reste en liberté dans toute l'Asie (5 000 à 7 000).

### LA FOLIE DES « NAC »

**Caméléon**, **grenouille exotique**, **furet ou gerbille**, **mais aussi python**, **mygale**, **iguane**… La liste est longue des « **nouveaux animaux de compagnie** » vendus dans les animaleries.

Il faut cependant bien respecter certaines règles :

- l'animal doit être autorisé à la vente et posséder des papiers en règle ;
- l'acheteur doit bien connaître les exigences de l'animal et être sûr de pouvoir les lui offrir en permanence ;
- et bien sûr, pas question de mettre quiconque en danger par des morsures ou des maladies contagieuses.

## L'orang-outan

**Bornéo, Sumatra**

Ce grand singe est **l'une des espèces les plus menacées** par le trafic d'animaux. Alors que la déforestation réduit déjà dramatiquement son territoire, des jeunes sont capturés pour être vendus à l'étranger. Dans 10, 15 ou 20 ans, il ne restera plus d'orang-outan en liberté.

# LES BÊTES DE LA FERME

**Parmi plus de 2,5 millions d'espèces animales, une cinquantaine sont élevées pour l'alimentation humaine. Chacune comporte de nombreuses races et variétés, sélectionnées depuis parfois des siècles.**

## LA BASSE-COUR

**13 milliards de poulets, 700 millions de canards, 250 millions de dindons… C'est la population mondiale estimée. Leur mission ? Grandir vite, et être tous de la même taille !**

*Épaisses et bien droites, ses oreilles mesurent 20 cm.*

### Le géant des Flandres

**Le plus gros lapin domestique** dépasse souvent les 8 kg. Étiré d'un bout à l'autre des pattes, il peut atteindre 90 cm de long ! Un vrai géant par rapport à l'espèce sauvage, le lapin de garenne, qui pèse seulement 2 kg.

**OMELETTE DE RECORDS**

- **270 œufs** : le record annuel d'une **poule pondeuse**.
- **0,82 g** : le poids du **plus petit œuf** de poule jamais pondu.
- **202 g** : le poids du **plus gros œuf** de poule jamais pondu.

*La caroncule rouge se gonfle d'air quand le dindon s'énerve.*

### Le dindon

Originaire d'Amérique centrale, où vit une espèce sauvage plus petite, il fut introduit en Europe au XVI$^{e}$ siècle. C'est **le géant des oiseaux de basse-cour**.
Le dindon noir du Gers, la plus grosse race française, se contente d'atteindre 10 à 13 kg.

### Le canard de Barbarie

**Le canard le plus élevé** au monde est issu d'une espèce sauvage : le canard musqué d'Amérique du Sud. Ce n'est pas un barboteur, mais un pêcheur pourvu de griffes. Il est apprécié pour sa viande abondante et peu grasse.

*La femelle est 2 fois moins lourde que le mâle.*

# LE BÉTAIL

**Aurochs, sanglier ou mouflon ne reconnaîtraient pas leurs descendants, devenus de vraies « machines » à produire du lait, de la laine ou de la viande !**

## Le porc large white

C'est **la race la plus répandue**, appréciée pour sa croissance rapide et sa viande peu grasse. Le porcelet atteint 100 kg à 6 mois (en ayant absorbé 320 kg de nourriture). Hélas pour lui, il n'ira pas plus loin. Le record absolu des porcins, lui, serait détenu par un mâle (castré) de races croisées européenne et chinoise, qui pesait… 1 250 kg !

*Sa robe est blanche et uniforme, d'où son nom.*

*Les préférés sont les « culards » à croupe très large.*

## Le bœuf charolais

Originaire de Charolles (Saône-et-Loire), cette race connue depuis 1864 tirait autrefois les charrues. Élevé désormais pour sa viande, **le géant des bovins** se rencontre aussi en Afrique du Sud ou en Amérique. Le record absolu pour un bovidé, lui, serait détenu par un bœuf de race « Holstein-Durham » de 2 300 kg, 1,88 m au garrot et 4 m de tour de poitrail.

*Il mesure jusqu'à 1,10 m au garrot.*

## Le mouton suffolk

Une fois adulte, **l'ovin le plus lourd** atteint en moyenne 130 kg. Mais lorsque le bélier est castré (devenant ainsi un mouton), son poids augmente encore beaucoup. À l'opposé, la plus petite race écossaise est le soay, dont le mouton adulte pèse 25 kg.



## La vache hollandaise

**La championne des vaches à lait** est appelée aussi « frisonne » ou « prim'holstein ». Sa production moyenne a triplé depuis 1960 et atteint facilement 10 000 litres de lait par an. Très robuste, elle pèse jusqu'à 700 kg et consomme 30 kg de foin arrosés de 80 l d'eau par jour.

*Sa robe noire et blanche est célèbre dans le monde entier.*

### BIODIVERSITÉ EN DANGER

Le bœuf yakoute de Russie est très résistant au froid ; le mouton namakwa d'Afrique du Sud survit parfaitement dans le désert… Le monde est riche de plus de **4 000 races** d'animaux domestiques adaptées à leur habitat. Hélas, beaucoup sont **menacées par 400 races sélectionnées** aux États-Unis ou en Europe, et dont l'élevage est fortement encouragé. Sur le moment, les éleveurs en profitent, avec des animaux plus rentables. Mais en cas de maladie ou de bouleversement climatique, ils perdront tous leurs animaux d'un coup, et il sera impossible de revenir en arrière…

# DANS NOS MAISONS

**Chaleur, confort, nourriture : nos habitations sont pour eux des paradis. À chacun sa spécialité et son territoire !**

## BIEN CACHÉS

**Le point commun de tous ces animaux ? Ils habitent dans les recoins et sortent de préférence la nuit…**

*Très prolifique, elle peut avoir de 4 à 8 souriceaux tous les 2 mois !*

### La souris domestique

C'est peut-être **le mammifère le plus profiteur** : partout où vit l'homme, on la rencontre aussi ! La souris se nourrit de ce qu'elle trouve, y compris du mastic ou du savon. Elle vole peu de nourriture, mais fait des dégâts en rongeant les matériaux et en faisant ses besoins partout.

### Le lépisme

Appelé aussi « poisson d'argent », **ce fossile vivant** se plaît dans les lieux humides : cuisine ou salle de bains. Nocturne, il file comme l'éclair quand on allume la lumière. Il se nourrit de petits débris organiques divers et peut survivre 1 an sans manger.

*Son corps (qui mesure entre 1 et 1,5 cm) est recouvert de petites écailles argentées.*

## « L'HORLOGE DE LA MORT »

C'est ainsi qu'on appelait autrefois la **grande vrillette**, dont la larve vit dans le bois des vieux meubles. Une fois adulte, l'insecte reste dans le bois dont il frappe les parois avec sa tête pour communiquer avec ses congénères. Pendant la nuit, la maison résonne alors d'un « tac-tac » inquiétant…

## Le capricorne des maisons

C'est **le plus dangereux des xylophages** (les mangeurs de bois). Armées de fortes mandibules, les larves rongent les charpentes sans bruit ni rejet de sciure. Après 3 ou 4 ans, la larve se métamorphose et l'adulte sort par un petit trou : il vivra 3 semaines, le temps pour la femelle de pondre plus de 300 œufs.

La larve creuse jusqu'à **1 cm de galerie** par jour.

*À l'état adulte, ce coléoptère brun foncé peut atteindre 2 cm.*

## La mite des vêtements

C'est **la plus connue des teignes**, une famille qui compte 1 800 espèces. À la sortie de l'œuf, la larve blanchâtre est si minuscule qu'elle peut se faufiler dans un trou de 0,02 mm de diamètre ! Elle s'enfonce alors dans les tapis et les tissus, en creusant des galeries tapissées de soie.

*Quand on voit voler les adultes… les dégâts sont déjà faits.*

Elle vole jusqu'à **40 m** de haut pour coloniser un immeuble.

## La blatte germanique

**Le « cafard » le plus commun** niche dans les endroits chauds et humides : salles d'eau, cuisines, chaufferies… La nuit, la blatte sort de sa cachette pour se nourrir de toutes sortes de débris. Trapue et aplatie, elle possède des pattes épineuses et se déplace à toute vitesse.

*Son corps brun clair mesure entre 0,9 et 1,4 cm.*

Elle circule dans les **conduits d'aération** des immeubles.



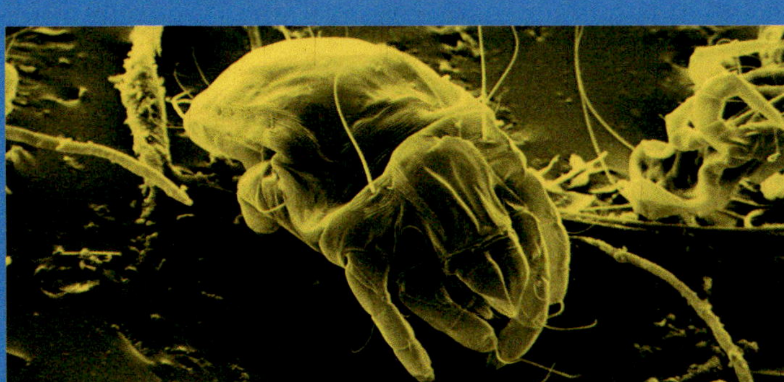

## FAIS DE BEAUX RÊVES…

Les **acariens** sont de minuscules arachnides présents dans presque tous les milieux, y compris les déserts et les pôles… Dans la maison, on les rencontre dans les fentes des parquets, sur les moquettes et même dans notre lit, où vit *Dermatophagodes*, qui mesure **0,4 mm** de long et se nourrit des particules de peau que nous perdons en permanence !

Seul problème : leurs déjections contiennent des substances qui peuvent déclencher des allergies. Pour s'en débarrasser, le seul moyen consiste à habiter en montagne : au-dessus de 1 500 m, aucun acarien ne survit.

# POUR LA SCIENCE

**Le monde animal a presque tout inventé ! Pas étonnant que l'homme l'ait toujours observé, pour développer la médecine ou les techniques.**

## LA RECHERCHE

**La souris blanche est le mammifère le plus utilisé par la science. D'autres animaux tout aussi modestes permettent aux chercheurs d'accomplir d'immenses progrès.**

### LAÏKA : DANS LES ÉTOILES

Le 3 novembre 1957, cette petite chienne russe a été **la première créature vivante expédiée dans l'espace**. Hélas pour elle, sa réserve d'oxygène n'était que d'une semaine, et il n'avait jamais été envisagé de la ramener au sol...

Certaines de ses cellules sont **1 000 fois** plus grosses que celles de l'homme.

*Originaire d'Afrique du Sud, il vit dans l'eau et mesure jusqu'à 10 cm.*

### Le xénope

Depuis les années 1970, le « crapaud à griffes » est **le batracien le plus utilisé** par les biologistes. En observant ses cellules, on a, par exemple, compris les facteurs qui déclenchent leur division pour renouveler un tissu ou réparer une lésion.

### La drosophile

C'est pour l'instant **l'organisme le mieux connu au monde**. La « mouche du vinaigre » possède 13 600 gènes presque tous identifiés. Facile à élever, elle se reproduit en 2 semaines et permet d'observer rapidement le mécanisme des mutations génétiques.

*Elle ne mesure que 2 à 3 mm et se régale de fruits pourris.*

Les généticiens l'ont choisie comme **emblème**.

# LA BIONIQUE

**Imiter ou utiliser la nature dans ce qu'elle sait le mieux faire : c'est le but de cette nouvelle science.**

### DUR ET MOU

L'**holothurie** ou « **concombre de mer** », complètement molle, peut brusquement, en cas de danger, durcir son corps. De telles structures en gelée intéressent beaucoup les scientifiques, par exemple pour absorber les chocs. D'autres s'intéressent à la nacre des coquillages, un matériau plus dur que l'acier ou la céramique. On espère par exemple y graver un jour des circuits électroniques 100 000 fois plus fins que l'épaisseur d'un cheveu !

*Ce qu'on nomme communément le corail, c'est le squelette externe (en calcaire) de l'animal appelé polype.*

## Le corail

Depuis les années 1980, c'est **le biomatériau le plus utilisé en médecine**. Os et corail ne sont pas constitués de la même matière, mais leurs structures sont identiques. Plus de 100 000 patients ont déjà reçu un greffon : les os brisés prennent appui sur le corail pour se reconstituer.

## La moule

Pour s'accrocher aux rochers (ou aux coques des bateaux), elle sécrète une substance liquide qui durcit ensuite en formant des fils entremêlés, le « byssus ». C'est **une des colles les plus solides au monde**, que les scientifiques cherchent à imiter.

*Solidement amarrée, elle résiste même aux tempêtes.*

## L'araignée

Elle produit **le fil le plus résistant au monde** : 2 fois plus solide que l'acier, il peut aussi être étiré à 10 fois sa longueur avant de casser. Depuis peu, les généticiens ont réussi à faire produire cette soie par des bactéries. On envisage de l'utiliser pour tisser des parachutes, des gilets pare-balles, ou même des vêtements très doux et presque inusables. Dernier avantage, c'est un matériau recyclable : la soie est un aliment très énergétique !

*Il existe 20 000 espèces d'araignées tisseuses.*

# CE QUE SAVENT LES « BÊTES »

**L'intelligence animale est un domaine étudié depuis peu. On a par exemple longtemps cru (ou préféré croire !) que les animaux ne souffraient pas...**

## Le perroquet gris

**Le plus doué des imitateurs** peut aussi communiquer ! Alex, un oiseau de laboratoire, peut nommer 100 objets, reconnaît 7 couleurs et compte jusqu'à 6 pour dénombrer ou additionner des objets. À voix haute, il dit par exemple : « Ce cube rouge est en bois », « Je voudrais un bouchon pour jouer », « Il y a 4 bananes »...

*Très curieux et sociable, il apprécie notre compagnie.*

Son vocabulaire peut atteindre **1500 mots**.

## La corneille

Dans la nature, **l'un des oiseaux les plus ingénieux** utilise des brindilles pour dénicher des insectes. En 2002, à l'université d'Oxford, une femelle nommée Betty a fait bien mieux : avec un fil de fer droit, elle a fabriqué un hameçon pour aller pêcher de la nourriture au fond d'un récipient !

Elle sait **façonner** un outil.

*C'est une cousine du corbeau.*

### INCROYABLES CHIENS

#### *Ami pour la vie*

*Après 6 mois d'apprentissage, **un chien d'aveugle mémorise facilement 20 parcours** et les associe à des ordres. Il suffit par exemple de lui dire : « Allons au lycée ! » pour qu'il en prenne aussitôt le chemin en suivant le moyen de transport habituel.*

#### *Au-delà de la mort*

*À la gare de Shibuya, à Tokyo, se dresse la statue d'un chien nommé Hachiko. De 1922 à 1925, il avait coutume de venir attendre le retour de son maître à la gare. Un soir de 1925, l'homme ne revint pas, victime d'une crise cardiaque. Hachiko continua pourtant **chaque soir, pendant 10 ans**, d'aller l'attendre sur le quai. Sa mort, en 1935, fut marquée au Japon par une journée de deuil national !*

## PHARMACIE NATURELLE

De nombreux animaux (singes et oiseaux surtout) utilisent des plantes pour se soigner. Le **chimpanzé**, par exemple, mâchonne des feuilles d'arbuste contenant des antibiotiques pour se débarrasser des parasites. À Calcutta, lors de l'épidémie de paludisme de 1998, des **hirondelles** se mirent à garnir leur nid de feuilles riches en quinine…

*Comme chez les hommes, chaque dauphin a un timbre de voix unique.*

Son langage est **le plus complexe** du monde animal.

## Le dauphin

**Le plus intelligent des cétacés** communique avec les siens par toutes sortes de cliquetis, grincements et sifflements. En captivité, il se révèle aussi prodigieusement doué. Des dauphins ont appris le langage des signes : ils comprennent et exécutent des tâches complexes, uniquement commandées par gestes. Ils apprennent aussi à lire en mémorisant des symboles. Plus étonnant encore, le dauphin peut apprendre à prononcer certains mots pour former des phrases simples !



## ÊTRE UN SINGE

Nous partageons avec le chimpanzé plus de 98 % de nos gènes : il est **notre cousin**. Nous descendons sans doute des mêmes ancêtres, qui vivaient il y a environ 7 millions d'années. En 1965, un couple de chercheurs fut le premier à enseigner le langage des signes à une jeune femelle, Washoe. Elle utilisa bientôt plus de **300 mots** pour communiquer avec eux ! Autres découvertes, celles que l'on doit à Jane Goodall, qui vit depuis 40 ans au contact des chimpanzés sauvages de Tanzanie. Son travail a révélé par exemple qu'ils utilisent de nombreux outils, tiennent des sortes de « conseils de clan », pratiquent un « culte de l'orage » et une « danse de la pluie », connaissent la guerre, mais aussi l'entraide ou le don…

*Les capacités d'un gorille ou d'un chimpanzé sont comparables à celles d'un enfant de 5 ans. Ils ont la notion du passé et de l'avenir, de la naissance et de la mort, ils se livrent à des raisonnements logiques et apprennent facilement à communiquer par symboles.*

*Les chimpanzés communiquent par de longs appels construits comme des phrases et se servent aussi de codes gestuels.*

# 10 • Records du passé

Les animaux actuels ne représentent qu'un « instantané » de l'évolution : d'innombrables espèces ont vécu avant eux. La Terre a connu autrefois le règne des reptiles, puis le triomphe des mammifères...
Qui viendra ensuite ?

## 10 ÉTAPES DE L'ÉVOLUTION

**– 4,5 milliards d'années** : formation de la Terre à partir d'un nuage de gaz et de poussière d'étoiles.
**– 3,8 milliards d'années** : apparition de la vie dans les mers, sous forme de micro-organismes unicellulaires.
**– 3 milliards d'années** : création de l'atmosphère grâce à l'oxygène produit par les algues bleues.
**– 600 millions d'années** : apparition des premiers êtres pluricellulaires.
**– 450 millions d'années** : premiers vertébrés, des poissons archaïques.
**– 400 millions d'années** : conquête de la terre par les premiers arthropodes (araignées, mille-pattes...)
**– 230 millions d'années** : apparition des dinosaures.
**– 65 millions d'années** : extinction des dinosaures.
**– 4 millions d'années** : premiers hominidés.
**– 120 000 ans** : *Homo sapiens*, l'homme moderne.

*Il y a des millions d'années, de la résine a coulé d'arbres blessés. Des insectes, des petits lézards, des plumes d'oiseaux ou des débris végétaux s'y sont trouvés englués. En se fossilisant, la résine est devenue une matière transparente appelée « ambre ». Pris sur le vif, certains animaux sont même en train de se dévorer entre eux !*

# PREMIERS DE LEUR CLASSE

**Depuis l'origine, les formes de vie n'ont jamais cessé d'évoluer et de se diversifier. En étudiant les fossiles, les scientifiques ont pu reconstituer les principales étapes de cette grande aventure…**

## DANS L'EAU

Il y a 3,8 milliards d'années, l'océan tiède était saturé de gaz volcaniques. Frappée par de violents éclairs, cette « soupe primitive » subit des réactions chimiques qui donnèrent naissance à la vie…

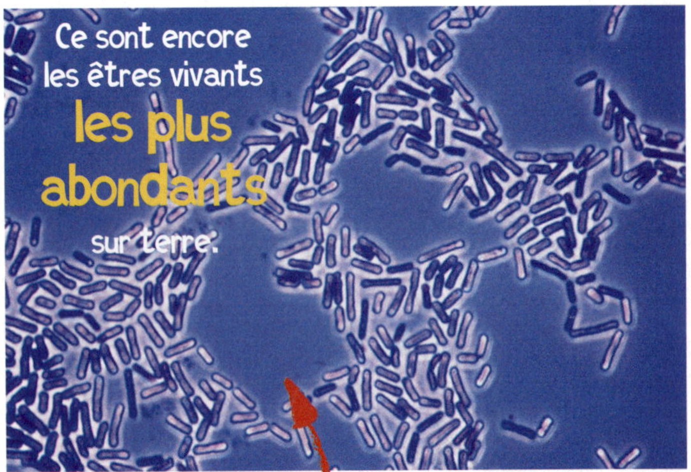


*Son nom vient du grec baktêrion, «petit bâton», à cause de sa forme allongée.*

### La bactérie

**– 3,8 milliards d'années**

La **première unité vivante** consistait en une seule cellule sans vrai noyau. C'est à partir des bactéries que se sont formées les cellules complexes (avec un noyau séparé par une membrane), qui constituent l'unité de base de tous les êtres vivants.

*On a retrouvé des trilobites de toutes tailles : de 6 mm à 75 cm.*

### Le trilobite

**De – 550 à – 350 millions d'années**

C'est **le fossile le plus commun**. Lointain ancêtre des crustacés, cet arthropode abondait au Cambrien, une période où la vie foisonnait dans les mers. Filtrant la vase et le sable à la recherche de nourriture, il se roulait en boule en cas de danger.

### LA PLUS ANCIENNE PREUVE DE VIE

Certaines bactéries marines, appelées algues bleues, vivent en immenses colonies. **Des fossiles âgés de 3,5 milliards d'années** ont été découverts en Australie. Ces algues bleues furent les premiers organismes à réaliser la photosynthèse. En utilisant l'énergie solaire pour absorber le gaz carbonique, elles rejetèrent de grandes quantités d'oxygène. C'est ainsi que, peu à peu, se créa sur la Terre une atmosphère respirable.

Il fut le **seul vertébré** pendant 70 millions d'années !

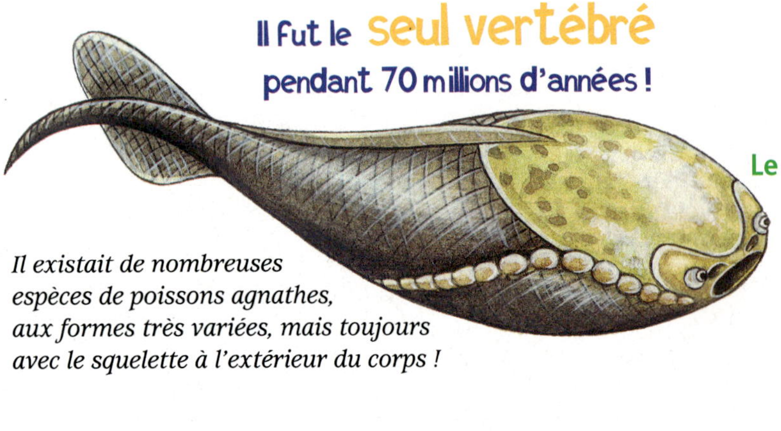

*Il existait de nombreuses espèces de poissons agnathes, aux formes très variées, mais toujours avec le squelette à l'extérieur du corps !*

### Le poisson agnathe

**– 510 millions d'années environ**

**Le premier vertébré** était un poisson primitif : il ne possédait ni mâchoires, ni dents, ni véritables nageoires. Son corps, recouvert de plaques osseuses, le rendait très lent, mais le protégeait des terribles ptérygotus, scorpions aquatiques géants. Aujourd'hui vivent encore 2 « poissons » primitifs : la lamproie et la myxine.

# SUR TERRE

**Longtemps, la surface terrestre, brûlée par les rayons nocifs du soleil, n'abrita aucune vie. Puis l'atmosphère se forma : plantes et animaux purent alors s'y adapter.**

## La libellule méganeura

**– 310 millions d'années**

Au Carbonifère (de – 360 à – 300 millions d'années), araignées, mille-pattes et scorpions géants peuplaient déjà la Terre. À la fin de cette période apparurent les premiers insectes volants (blattes, phémères), dont la libellule *Meganeura*, qui demeure **le plus grand insecte ayant jamais volé** !

*Cette libellule géante fut l'un des premiers insectes ailés.*

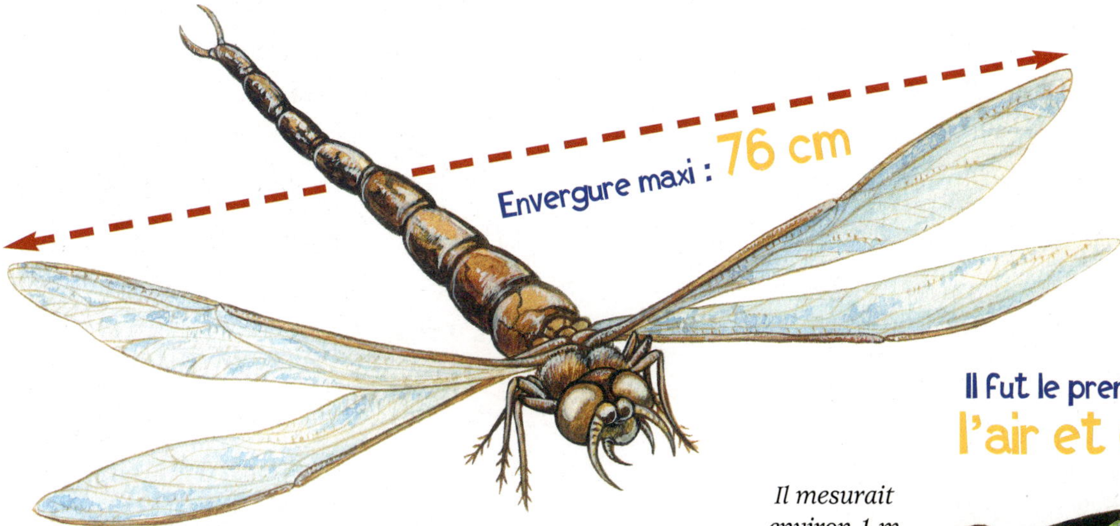


Il fut le premier, à vivre dans **l'air et dans l'eau.**

*Il mesurait environ 1 m de long.*

## Le mégazostrodon

**– 200 millions d'années environ**

Cet animal de la taille d'une musaraigne (de 5 à 8 cm) serait **le plus ancien mammifères**. Sa fourrure épaisse et chaude et ses sens très développés lui permettaient de chasser la nuit, pendant que les grands reptiles étaient engourdis par la fraîcheur.

**Minuscule,** il vivait à l'ombre des dinosaures.

*Ses os étaient petits et fragiles : ses fossiles sont rares.*

## L'ichtyostéga

**– 350 millions d'années**

**Le plus vieil amphibien connu** vivait au bord des rivières et des lacs tièdes du Groenland actuel. Il passait la majeure partie de son temps dans l'eau, mais remontait parfois sur la berge en rampant pour lézarder au soleil.

## L'hylonomus

**– 300 millions d'années**

Pas très impressionnant, **le premier reptile** ? À l'inverse des amphibiens, qui pondent dans l'eau, il fut pourtant le premier à pondre des œufs étanches à coquille dure sur la terre ferme. Une révolution qui permit à son « groupe » de s'éloigner de l'eau et de coloniser toute la planète…

*Il mesurait environ 20 cm et se nourrissait d'insectes.*

Il fut le premier animal **exclusivement terrestre.**

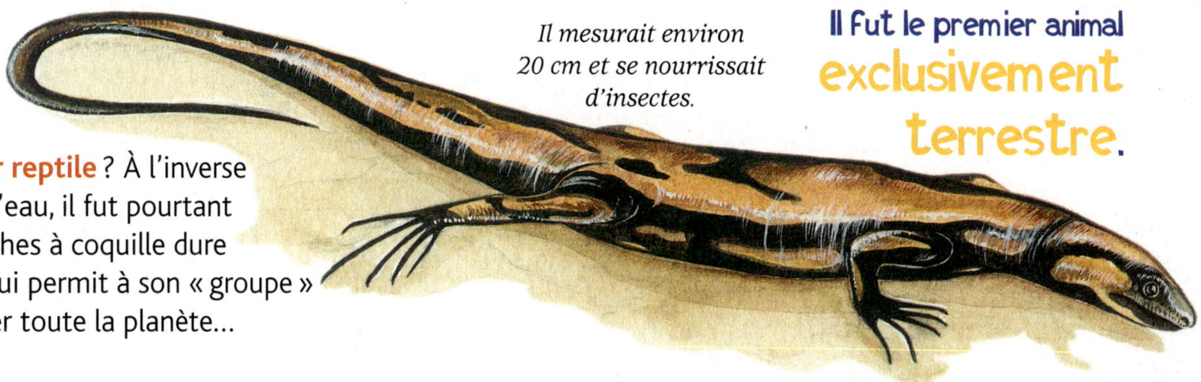

# RECORDS DE DINOSAURES

**À ce jour, on connaît plus de 900 espèces de dinosaures. On sait qu'il en reste encore des milliers à trouver… Ces « records » d'aujourd'hui tomberont sans doute demain, au gré de nouvelles découvertes !**

## LE PLUS LONG RÈGNE ANIMAL

Les dinosaures ont vécu pendant 165 millions d'années. Un temps pendant lequel la Terre a connu d'énormes changements (climat, dérive des continents…). Le règne des dinosaures est partagé en trois grandes périodes :

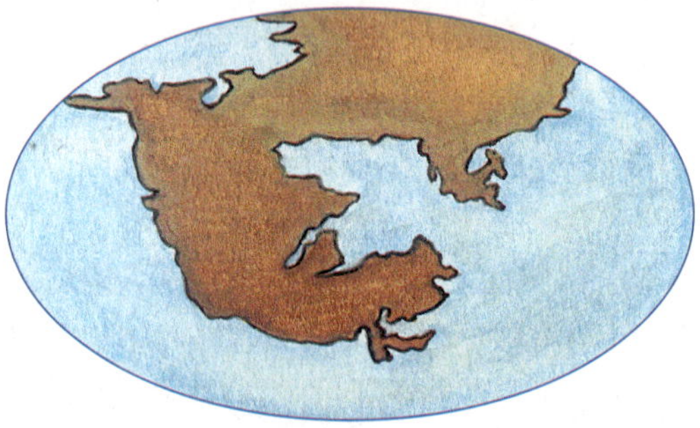

• Le **Trias** : de **– 250 à – 205 Ma** (millions d'années). Un seul continent, la Pangée, est entouré par une seule mer, Panthalassa. Les dinosaures apparaissent vers – 235 Ma.

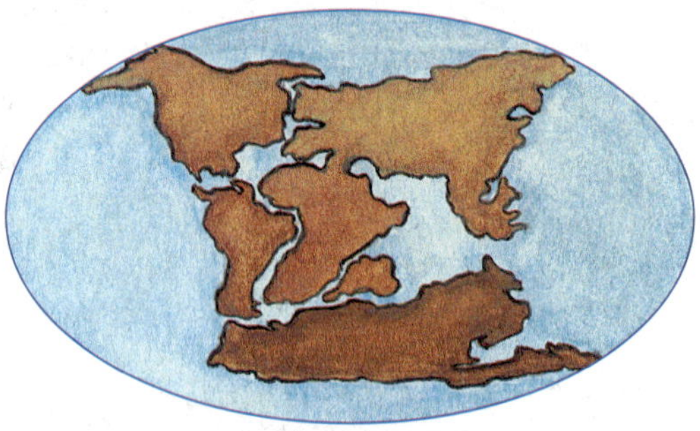

• Le **Jurassique** : de **– 205 à – 135 Ma.** La Pangée se scinde en deux. C'est l'âge d'or des dinosaures.

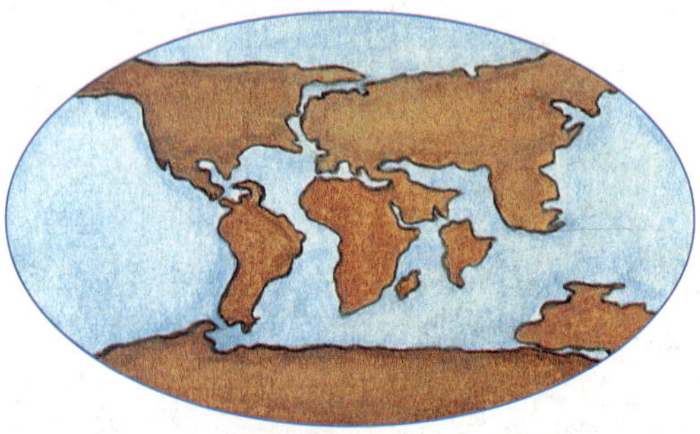

• Le **Crétacé** : de **– 135 à – 65 Ma.** Les continents commencent à ressembler à ceux que nous connaissons. La disparition des dinosaures marque la fin de la période.

*L'éoraptor mesurait 1 m et pesait environ 10 kg.*

## L'éoraptor

**Trias**

Son nom signifie « chasseur de l'aube ». C'est **l'un des plus anciens dinosaures connus**. On a retrouvé en Argentine un seul squelette de ce petit bipède. Son corps était gracile, et ses dents acérées et dentelées : idéales pour déchiqueter la viande ! Ses griffes incurvées lui servaient sans doute à saisir de petites proies.

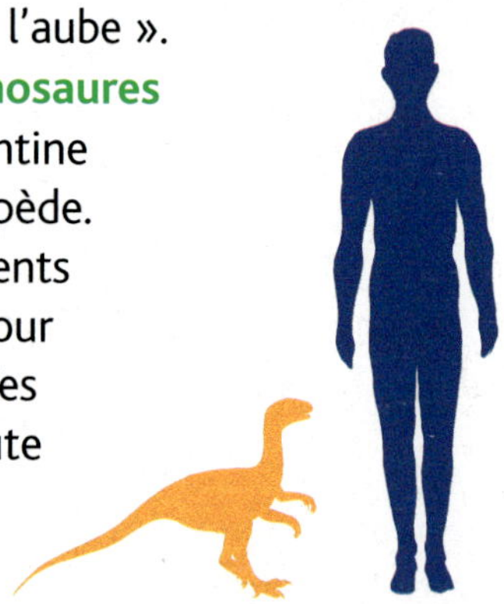

*La gueule grande ouverte, il aurait pu engloutir un homme debout.*

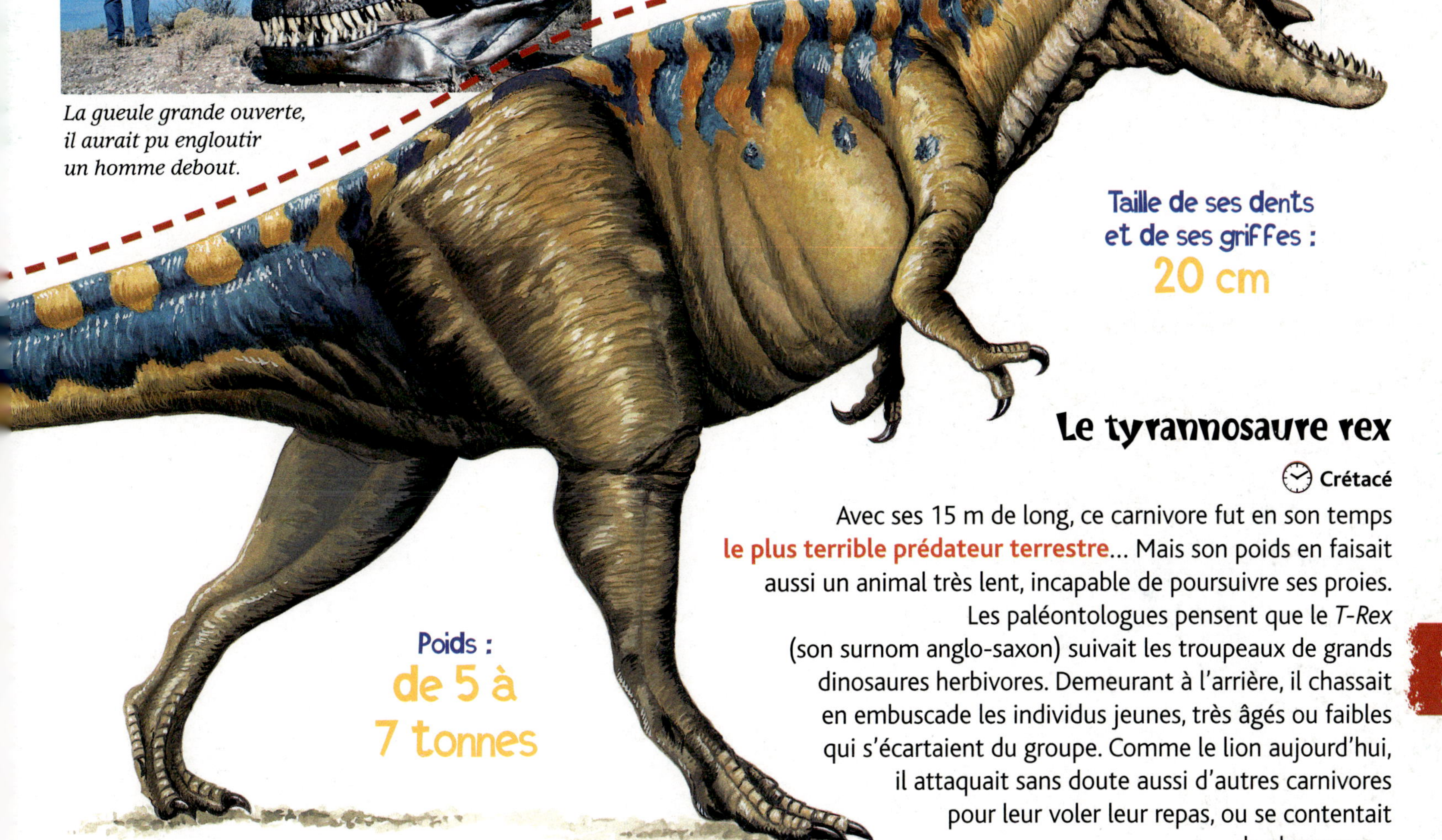


## Le tyrannosaure rex

Crétacé

Avec ses 15 m de long, ce carnivore fut en son temps **le plus terrible prédateur terrestre**… Mais son poids en faisait aussi un animal très lent, incapable de poursuivre ses proies. Les paléontologues pensent que le *T-Rex* (son surnom anglo-saxon) suivait les troupeaux de grands dinosaures herbivores. Demeurant à l'arrière, il chassait en embuscade les individus jeunes, très âgés ou faibles qui s'écartaient du groupe. Comme le lion aujourd'hui, il attaquait sans doute aussi d'autres carnivores pour leur voler leur repas, ou se contentait de charognes…



## Le compsognathus

Jurassique

Les restes fossilisés du **plus petit des dinosaures** ont été mis au jour en Allemagne et dans le sud de la France. Mesurant moins de 70 cm de la gueule au bout de la queue, c'était pourtant un chasseur agile et véloce, qui sillonnait les forêts à la recherche de lézards et de minuscules mammifères.

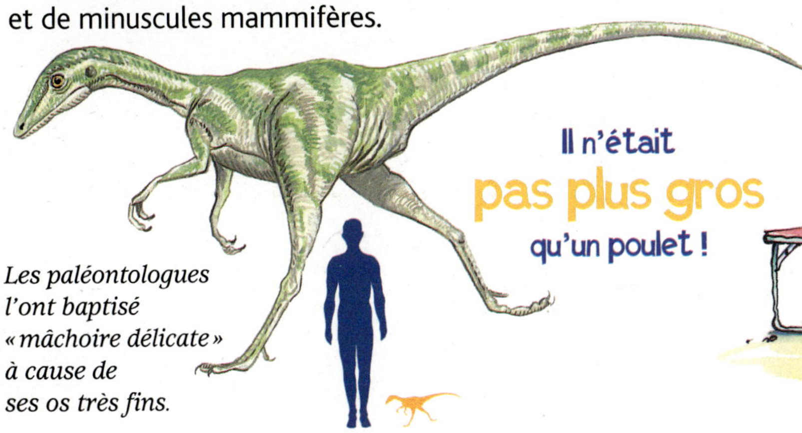


*Les paléontologues l'ont baptisé « mâchoire délicate » à cause de ses os très fins.*

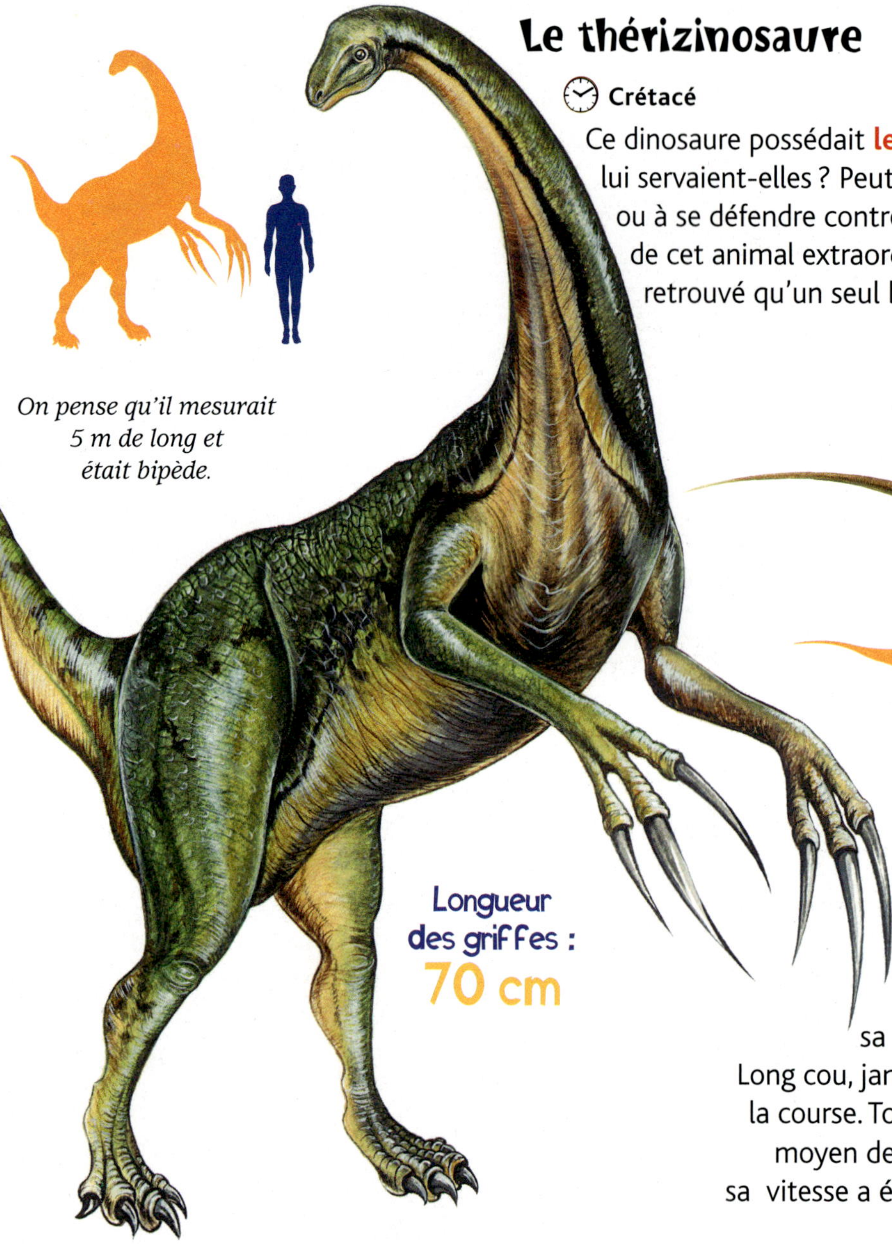


On pense qu'il mesurait 5 m de long et était bipède.

## Le thérizinosaure

Crétacé

Ce dinosaure possédait **les plus grandes griffes de tous les temps**. À quoi lui servaient-elles ? Peut-être à ratisser le feuillage, à éventrer les termitières ou à se défendre contre les carnivores. On ne peut qu'imaginer l'aspect de cet animal extraordinaire car, à ce jour, les paléontologues n'en ont retrouvé qu'un seul bras.

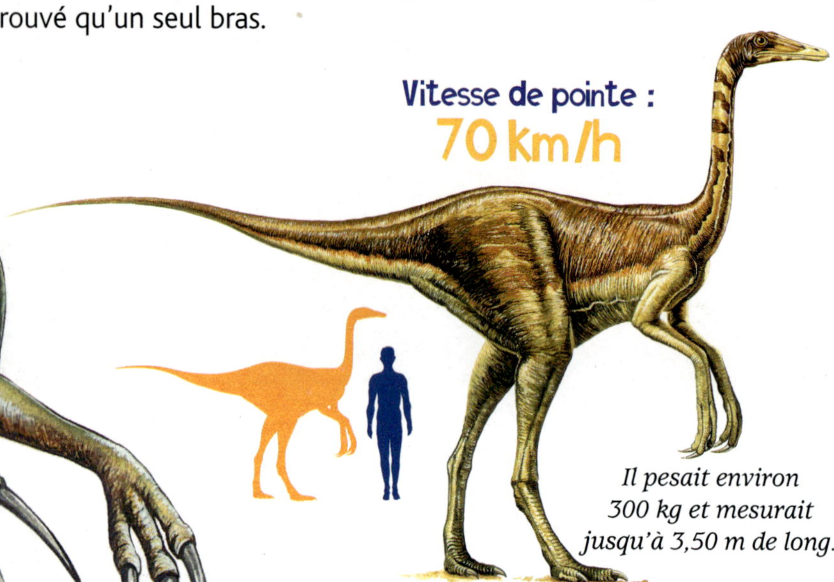


*Il pesait environ 300 kg et mesurait jusqu'à 3,50 m de long.*

## Le struthiomimus

Crétacé

Son nom signifie « semblable à l'autruche », car sa silhouette évoque celle du plus grand oiseau actuel. Long cou, jambes musclées et fines : ce dinosaure était bâti pour la course. Toujours en alerte, il ne possédait que la fuite comme moyen de défense. C'est **le dinosaure le plus rapide connu** : sa vitesse a été calculée d'après l'espacement de ses empreintes.

## LA FORMATION DES FOSSILES

Un fossile est un **fragment** de plante ou d'animal morts depuis très longtemps, et **transformé en pierre**. On a retrouvé partout dans le monde des restes de dinosaures fossilisés.

Un dinosaure meurt. Son cadavre tombe au fond du fleuve.

Sa chair se décompose. Bientôt, il ne reste que le squelette, enfoui sous la vase.

La vase se transforme en roche. Les cavités des os du dinosaure, qui contenaient les vaisseaux sanguins et les nerfs, se remplissent de dépôts minéraux. Le squelette se pétrifie.

## Le mamenchisaure

Jurassique

C'est l'animal qui possédait **le plus long cou de tous les temps**. Il représentait la moitié de la longueur totale de son corps, mais n'était articulé que par 19 vertèbres très allongées. Lui seul pouvait atteindre le sommet des arbres pour brouter… à une hauteur équivalente à 5 étages !

*On a pu reconstituer l'animal entier grâce à de nombreux fossiles découverts en Chine.*

*Sa tête n'était pas plus grosse que celle d'un cheval !*



## Le séismosaure

Jurassique

C'était **le plus long et le plus lourd des dinosaures**. Des restes de sa colonne vertébrale et de son bassin ont été découverts en 1986 au Nouveau-Mexique. Ce géant appartenait à la famille des sauropodes ou « longs cous », comme le diplodocus. Paisible herbivore, il passait ses journées à se déplacer pour brouter les végétaux nécessaires à ses énormes besoins.

*Il y a 100 millions d'années, un dinosaure est passé par là… Figées dans la boue, ses empreintes se sont fossilisées : un instant immortalisé !*

# VOISINS DES DINOSAURES

**Au temps des « terribles lézards », d'autres reptiles avaient su conquérir leur place dans les mers et dans le ciel.**

## REPTILES VOLANTS

**Au cours du Trias, des reptiles développèrent d'abord des ailes, pour planer d'arbre en arbre. Puis apparurent les ptérosauriens, les premiers animaux à battre des ailes. Aujourd'hui, on en connaît 120 espèces.**

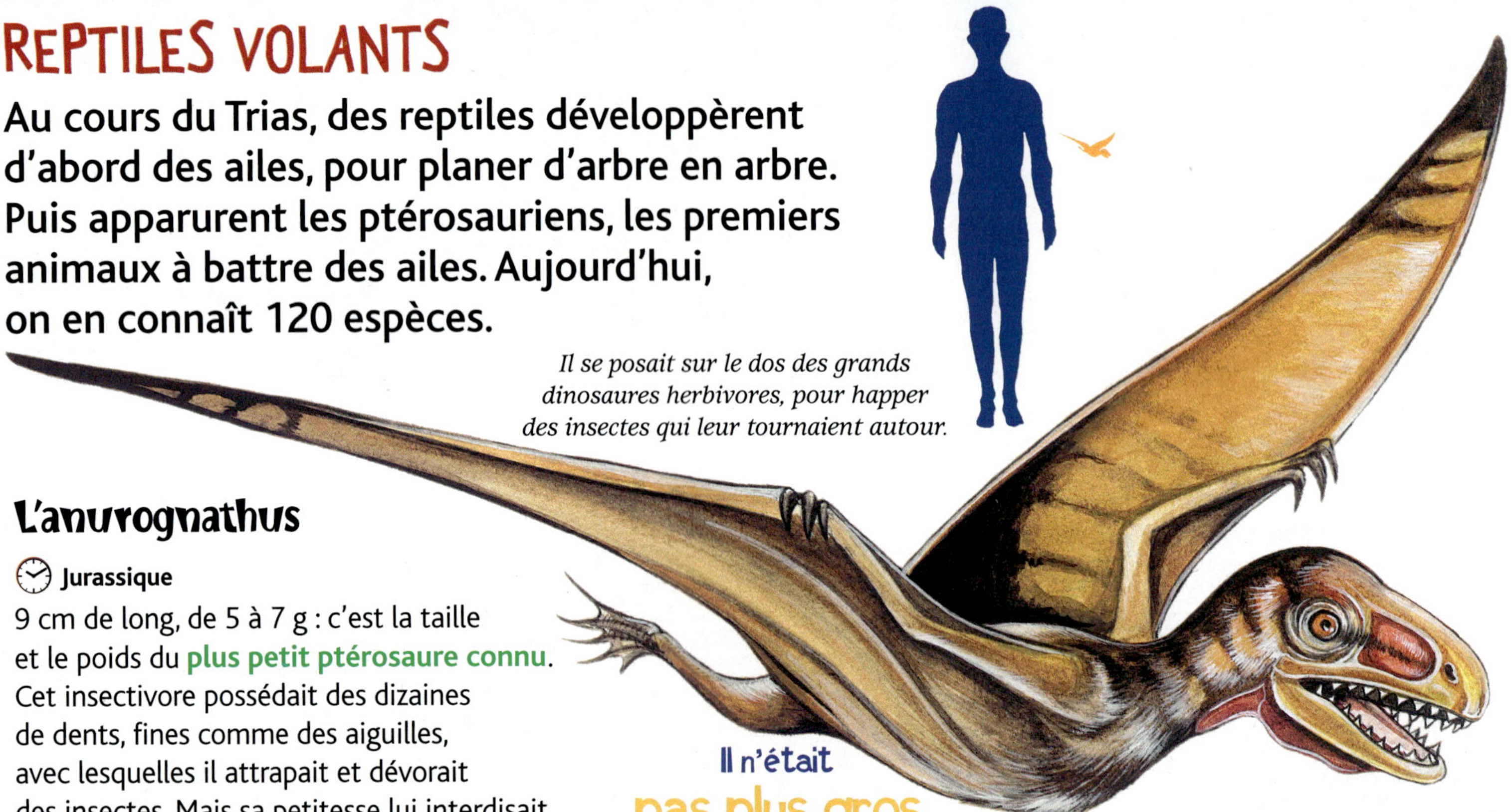

*Il se posait sur le dos des grands dinosaures herbivores, pour happer des insectes qui leur tournaient autour.*

### L'anurognathus

**Jurassique**

9 cm de long, de 5 à 7 g : c'est la taille et le poids du **plus petit ptérosaure connu**. Cet insectivore possédait des dizaines de dents, fines comme des aiguilles, avec lesquelles il attrapait et dévorait des insectes. Mais sa petitesse lui interdisait de s'attaquer aux libellules !

Il n'était **pas plus gros** qu'un moineau.

### L'eudimorphodon

**Trias**

C'est **le plus ancien ptérosaure connu**, et l'un des premiers vertébrés à avoir conquis le ciel. Ses ailes étaient faites d'une membrane tendue entre la cuisse et la phalange de son dernier doigt, devenu démesurément long. Sa fine queue osseuse était aussi longue que son corps, et se terminait par un petit losange qui lui servait de gouvernail. Sa mâchoire étroite aux dents acérées lui permettait de saisir les poissons nageant près de la surface.

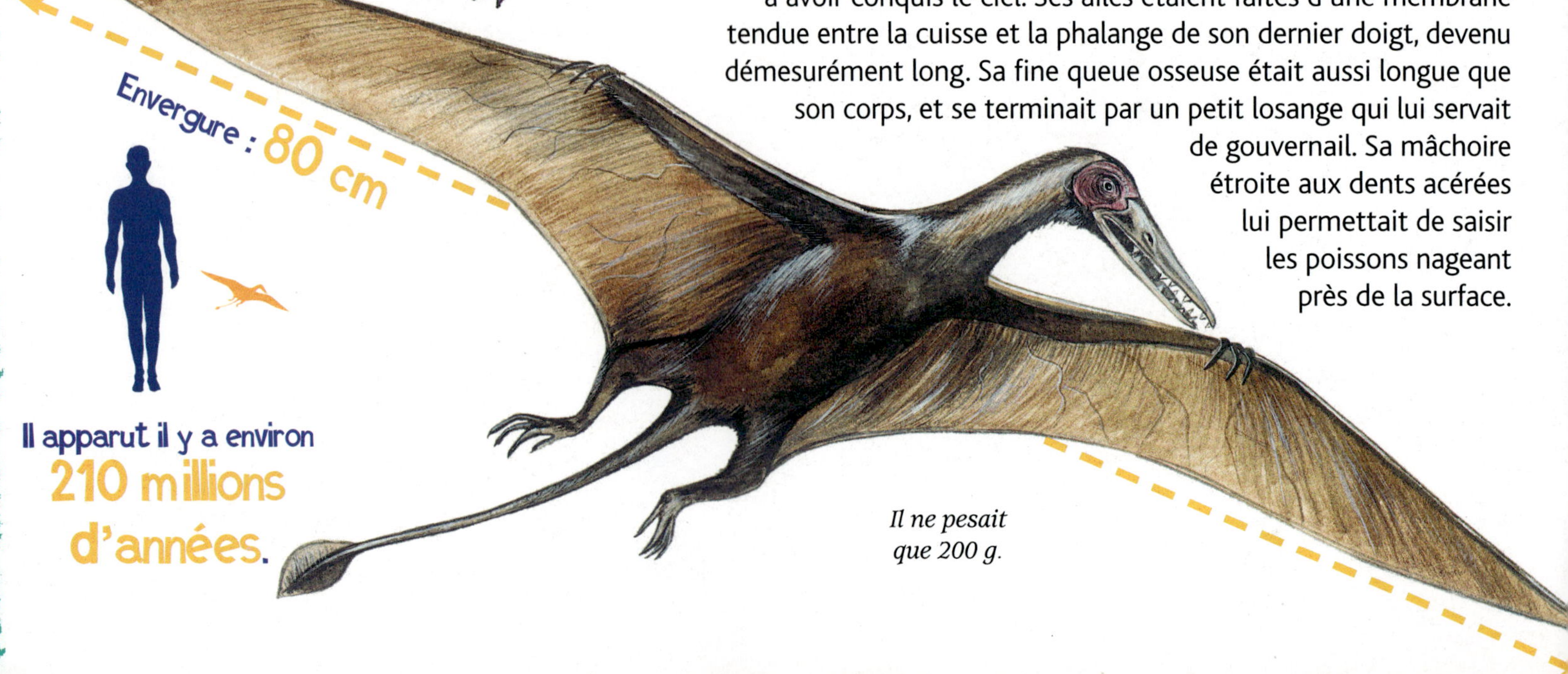


Il apparut il y a environ **210 millions d'années.**

*Il ne pesait que 200 g.*

## Le quetzalcoatl

Crétacé

Il y a 75 millions d'années, des espèces géantes de ptérosauriens apparurent. Avec une envergure de 12 m, celui-ci détient le record du **plus grand animal volant de tous les temps** ! Il vivait dans les marais, dont il fouillait avec son long bec les fonds boueux pour trouver sa nourriture. Son nom signifie « serpent à plumes », d'après un célèbre dieu de la mythologie aztèque.

Il faisait la même taille qu'un **petit avion** !

*Très léger pour sa taille, il ne pesait que 65 kg. Son squelette aux os creux lui permettait de décoller facilement.*

### REPTILE OU OISEAU ?

On pense aujourd'hui que tous les oiseaux descendent d'un petit groupe de dinosaures. **L'oiseau le plus primitif** serait cet étrange animal du Jurassique, l'**archéoptéryx**, qui présente à la fois des attributs d'oiseau (plumes, crâne avec de grands yeux abritant un gros cerveau) et de reptile (petites dents pointues, longue queue osseuse).
Moins musclé que les oiseaux actuels, l'archéoptéryx ne volait pas aussi bien. Il grimpait d'abord aux arbres à l'aide des griffes de ses ailes, puis s'élançait pour planer sur de courtes distances.

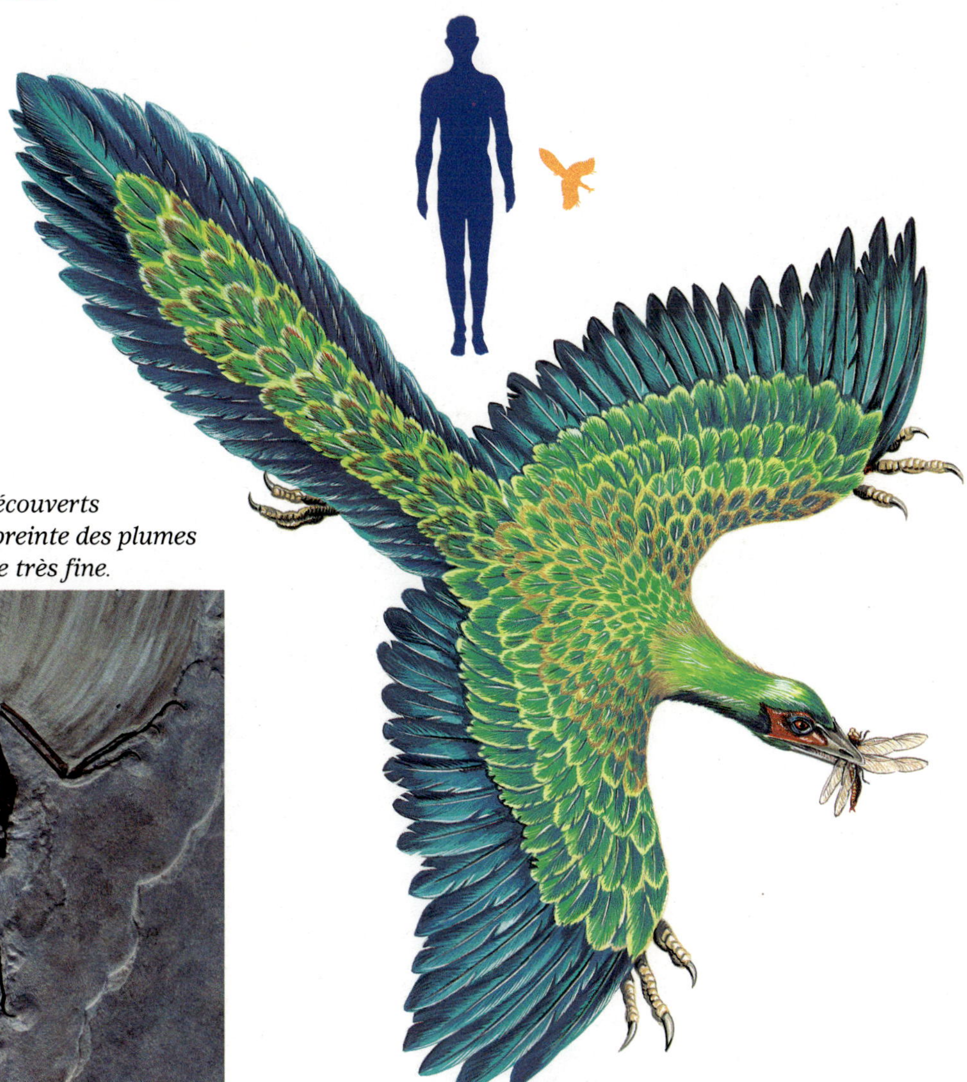

*7 squelettes d'archéoptéryx ont été découverts dans une mine de calcaire en Allemagne. L'empreinte des plumes est bien visible, imprimée dans la roche très fine.*

# REPTILES MARINS

**À partir du Jurassique se formèrent de nombreuses mers tièdes et peu profondes : un monde grouillant de poissons cuirassés, de calmars, de requins primitifs et de « monstres »...**

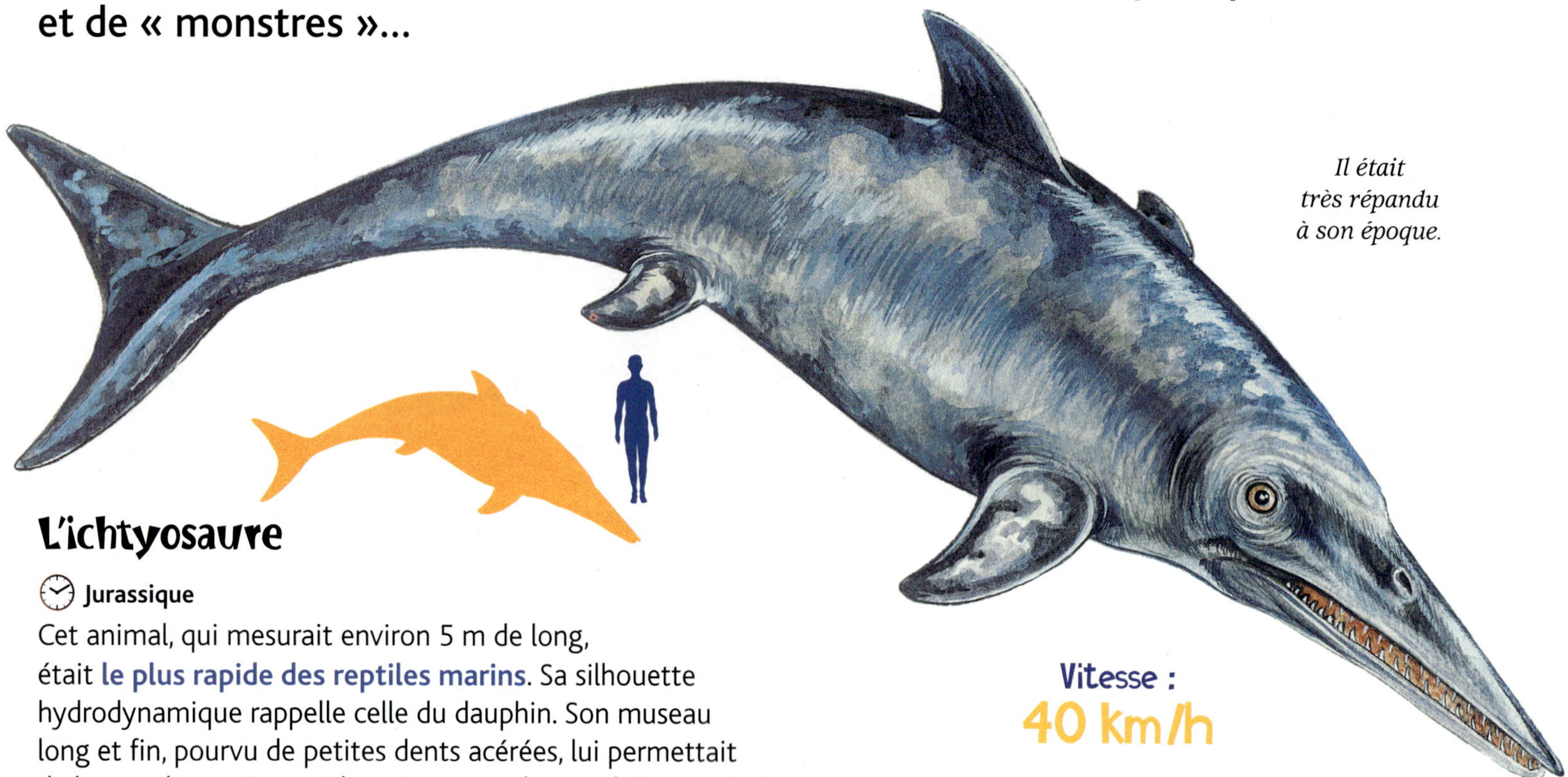

*Il était très répandu à son époque.*

## L'ichtyosaure

Jurassique

Cet animal, qui mesurait environ 5 m de long, était **le plus rapide des reptiles marins**. Sa silhouette hydrodynamique rappelle celle du dauphin. Son museau long et fin, pourvu de petites dents acérées, lui permettait de happer les proies rapides, et ses grands yeux lui permettaient d'être un excellent chasseur des profondeurs et des eaux troubles.

Vitesse : **40 km/h**

## Le liopleurodon

Jurassique

Ce **géant marin** était gros comme la baleine actuelle : il mesurait 25 m de long, pour un poids estimé à 150 tonnes. Armé de dents de 40 cm (2 fois plus longues que celles du tyrannosaure...), ce terrible prédateur chassait les grands calmars et les ichtyosaures. Il n'avait aucun ennemi. Il était aussi capable de faire des bonds prodigieux pour happer des animaux sur le rivage.

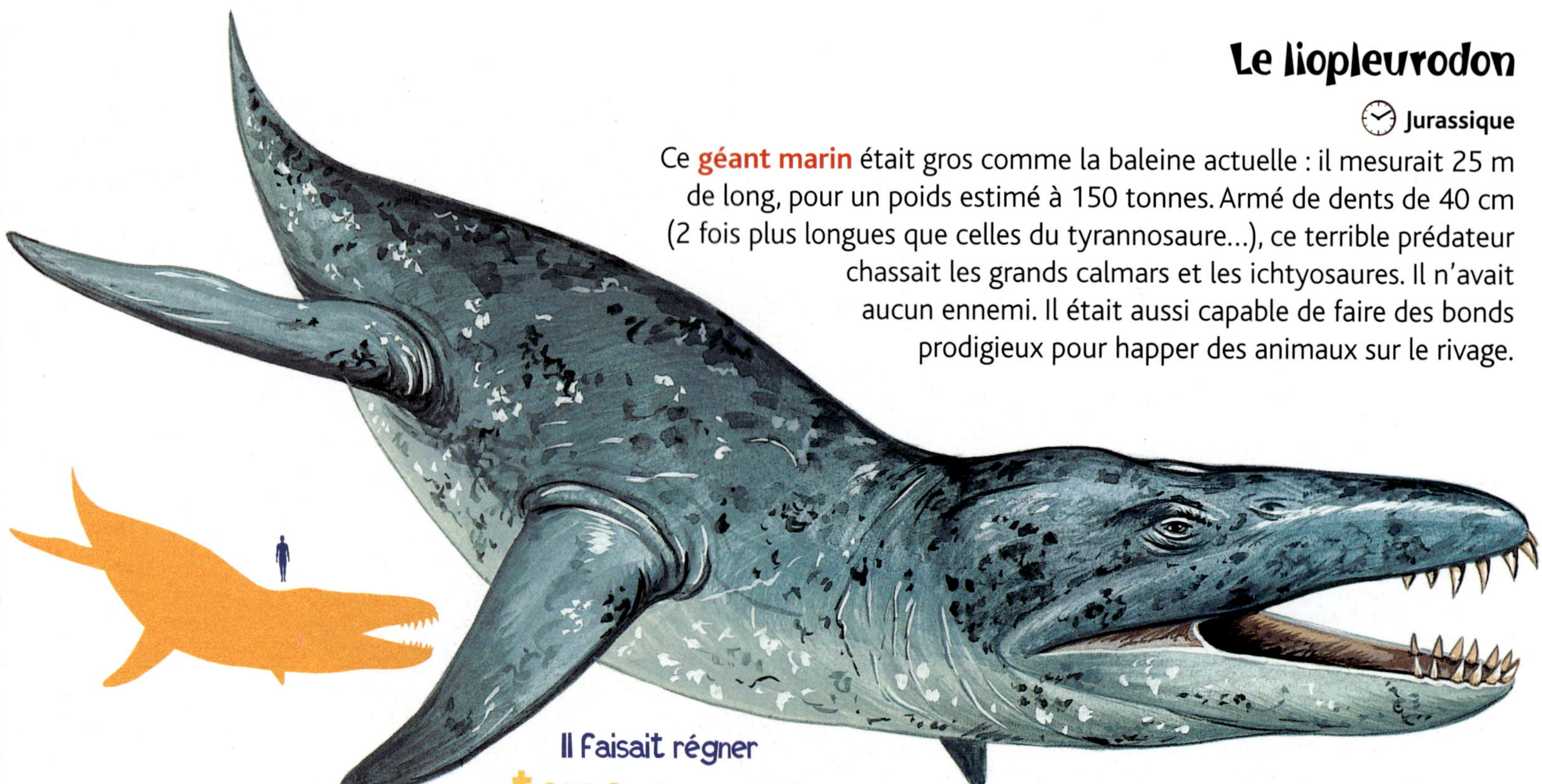

Il faisait régner la **terreur** sur les mers.

*Son crâne mesurait 5 m de long.*

## L'élasmosaure

Crétacé

C'est **le plus grand des plésiosaures**, une famille d'immenses reptiles marins qui régnait au Crétacé. À lui seul, son cou mesurait 8 m de long ! Ses quatre grandes nageoires le propulsaient lentement dans l'eau, comme des ailes. Il devait régulièrement remonter à la surface pour respirer, et la femelle se hissait péniblement sur la plage pour y pondre ses œufs.

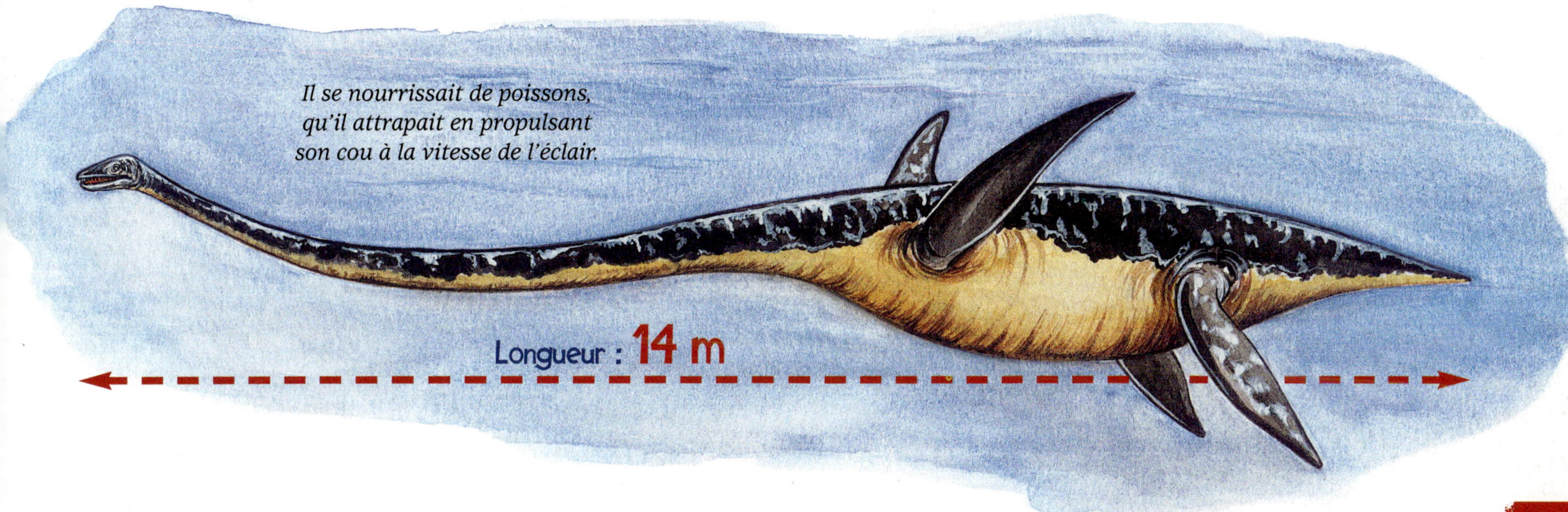


*Il se nourrissait de poissons, qu'il attrapait en propulsant son cou à la vitesse de l'éclair.*



## LA FIN D'UN MONDE

En 1993, au large de la ville côtière de Chicxulub, dans le golfe du Mexique, on a retrouvé les traces d'**impact d'une gigantesque météorite** qui frappa la Terre il y a 65 millions d'années. Elle mesurait 10 km de diamètre pour un poids estimé à 1 000 milliards de tonnes…

La violence du choc élimina en quelques instants toute trace de vie à des milliers de kilomètres à la ronde. Elle projeta aussi dans l'atmosphère d'énormes nuages de poussières qui cachèrent le soleil pendant des mois ou des années.

Petit à petit, les plantes périrent, entraînant la disparition en chaîne des dinosaures herbivores, puis des carnivores. Les reptiles volants et marins disparurent en même temps. En tout, on estime que 80 % des espèces vivantes s'éteignirent à la suite de ce cataclysme.

*Deux cent millions d'années plus tôt, une météorite géante avait déjà provoqué l'extinction de 95 % des espèces sur la Terre.*

# ÉTONNANTS MAMMIFÈRES

**Insectes, oiseaux, crocodiles, serpents, tortues survécurent aux dinosaures. Mais les grands gagnants furent les mammifères, qui se mirent à grandir pour conquérir la planète. Une aventure qui mènerait jusqu'à l'homme...**

## LE GANG DES CHASSEURS

Les premiers carnivores n'étaient ni rapides ni rusés. Mais ils évoluèrent rapidement, pour devenir de terribles chasseurs...

*À la même époque, d'autres grands félins occupaient l'Europe, l'Afrique et l'Asie.*

### Le smilodon

**De – 1,75 million d'années à – 10 000 ans**

**Le plus connu des « félins à dents de sabre »** vivait en Amérique. Presque 2 fois plus gros qu'un tigre, il chassait en groupe les chevaux, les bisons et les paresseux géants dans les grandes prairies. Un millier d'individus, englués et conservés dans des mares à bitume, ont été retrouvés près de Los Angeles.

### L'andrewsarchus

**De – 60 à – 30 millions d'années environ**

C'est **le plus gros mammifère terrestre carnivore connu**. Sa dentition, qui rappelle celle d'un grizzly, montre qu'il mangeait de tout : feuilles, baies, insectes, petites proies et charognes. Étonnant : ce « monstrueux » ongulé compte pami les ancêtres... de la vache !

*On a découvert son crâne fossilisé en Mongolie.*

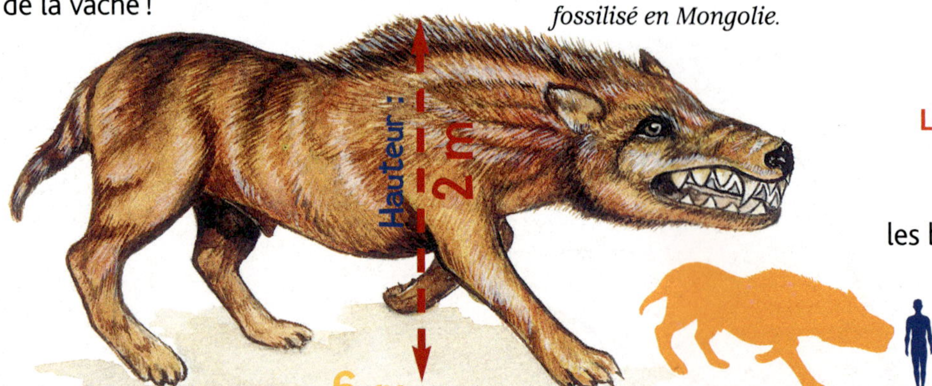


### LE DERNIER LOUP D'AUSTRALIE

Au début, les mammifères marsupiaux (dont les petits se développent dans une poche) étaient les plus nombreux. Peu à peu, ils furent supplantés par les placentaires (dont les petits grandissent à l'intérieur du ventre), qui étaient mieux protégés.

Une exception : l'Australie, où les animaux à poche vécurent sans concurrence et prospérèrent jusqu'à aujourd'hui. L'un d'eux, le *Thylacinus*, ou **loup marsupial**, vivait déjà dans les plaines **il y a 2 millions d'années**. Traqué par les Aborigènes, il s'est éteint en Australie, il y a 2 000 ans. Sur l'île voisine de Tasmanie, en revanche, il a survécu jusque dans les années 1930.

*Le dernier loup de Tasmanie, surnommé « Benjamin », est mort au zoo d'Hobart en 1936.*

# LE CLAN DES BROUTEURS

**La plupart des herbivores avaient la taille d'un cochon, mais quelques-uns étaient bien plus impressionnants !**

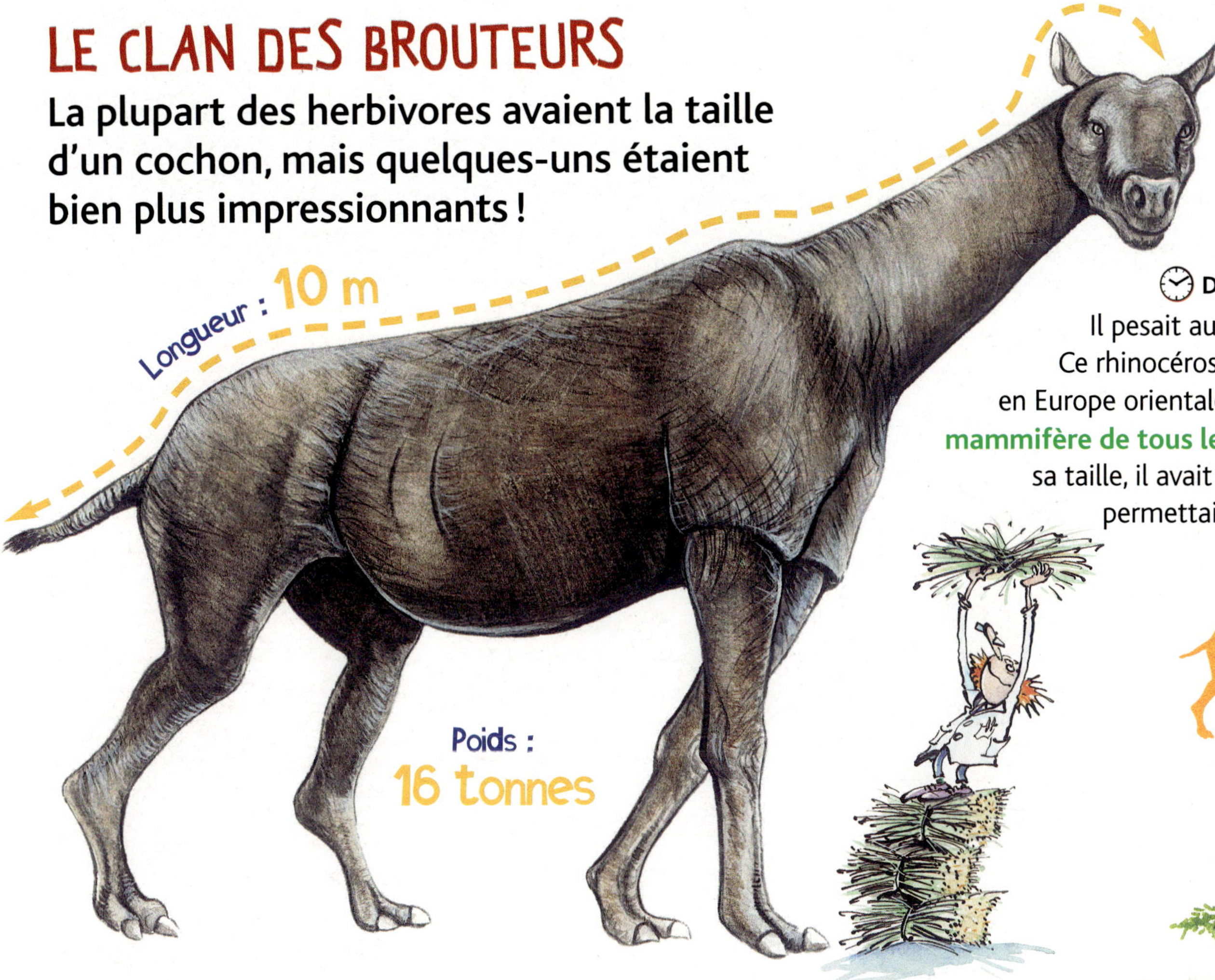


*Sa tête culminait à 8 m du sol : une girafe lui serait arrivée à l'épaule.*

## L'indricothérium

**De – 33,7 à – 5,3 millions d'années**

Il pesait autant que 5 éléphants actuels ! Ce rhinocéros primitif sans corne, qui vivait en Europe orientale et en Asie, est **le plus grand mammifère de tous les temps**. Malgré son poids et sa taille, il avait de longs membres fins qui lui permettaient de courir dans les plaines.

*Ses défenses en forme de pelle lui servaient à amasser des plantes et à couper des branches.*

## Le platybelodon

**De – 23,5 à – 1,75 million d'années**

Les éléphants sont les derniers descendants de l'ordre des proboscidiens, autrefois vaste et prospère : il en existait de nombreuses espèces sur tous les continents. **L'espèce la plus étrange**, dont on a retrouvé des restes dans le monde entier, portait des défenses aplaties et carrées sur la mâchoire inférieure très allongée.

*C'est aussi l'un des plus anciens mammifères placentaires connus.*

## Le mégathérium

**De – 5,3 millions d'années à – 10 000 ans**

**Le géant des paresseux** avait la taille d'un éléphant ! Il se dressait sur ses pattes arrière pour brouter les hautes feuilles, et pouvait courber les branches en tirant dessus avec ses 5 grosses griffes courbes.

# FOSSILES VIVANTS

**Ces animaux n'ont pas évolué depuis des centaines de millions d'années. Le secret de leur longévité ? Vivre dans des « habitats refuges » isolés, aux conditions inchangées...**

## La limule

**Océan Pacifique**

À condition qu'elles soient de la même taille, la carapace d'une limule actuelle pourrait s'emboîter dans la trace en creux d'un fossile vieux... de 250 millions d'années ! Depuis ce temps-là, cet arthropode n'a **pas du tout changé**. La limule utilise son aiguillon comme balancier quand elle nage, et pour se retourner si elle bascule sur le dos.

*En avril, dans la baie de la Delaware (côte Est des États-Unis), des milliers de limules remontent sur la plage pour se reproduire les soirs de pleine lune.*

## Le cœlacanthe

**Comores**

On en connaissait plus de 70 espèces fossiles, dont la plus ancienne remontait à 380 millions d'années, lorsqu'en 1938, surprise ! un cœlacanthe fut pêché au large de Madagascar ! Ce **poisson archaïque** est pourtant en voie d'extinction : il en resterait quelques centaines seulement.

*Il mesure 1,50 m de long et pèse 60 kg.*

On le croyait **disparu** avec les dinosaures.

*Les dipneustes, groupe autrefois très prospère, ne comptent plus aujourd'hui que 6 espèces.*

## Le dipneuste

**Australie, Afrique, Amérique du Sud**

Son nom signifie « **poisson à double respiration** ». Comme ses ancêtres, apparus il y a 380 millions d'années, le dipneuste possède un poumon en plus des branchies. Lorsque la sécheresse fait baisser le niveau des mares, il rampe à la recherche d'un autre point d'eau ou attend, enfoui dans un terrier, l'arrivée des prochaines pluies.

## Le sphénodon

**Nouvelle-Zélande**

Non, ce n'est pas un lézard ! Ce reptile primitif de 60 cm est **le seul survivant** d'une lignée plus ancienne, les rhynchocéphales, très prospère il y a 220 millions d'années. Rare, très protégé, il ne survit aujourd'hui que sur quelques îlots.

*On l'appelle aussi hattéria ou tuatara.*

## Le nautile

**Océan Pacifique**

Il est **l'ultime survivant** d'un groupe vieux de 500 millions d'années. Sa coquille comprend jusqu'à 30 compartiments. Il n'occupe que le dernier, le plus grand, et s'élève ou s'enfonce dans l'eau en faisant varier dans les autres la proportion d'eau et de gaz.

*Assez rare, on le rencontre entre 400 et 600 m de profondeur.*

C'est **l'ancêtre** du calmar et de la seiche.

### TOUJOURS JEUNES !

**Crocodiles**, **serpents**, **requins**... certains animaux semblent tout droit sortis de la préhistoire. Mais ce ne sont pas des « fossiles vivants ». S'ils ont gardé certaines caractéristiques identiques depuis leur apparition, ils ont aussi su changer et évoluer pour s'adapter à leur milieu. Ce qui leur permet d'occuper aujourd'hui encore une place importante dans le monde vivant !

*À gauche, une dent de grand requin actuel. À droite, une dent de mégalodon !*

*L'un des plus vieux requins connus,* Cladoselache, *vivait il y a environ 400 millions d'années. Quant au **plus grand requin de tous les temps**, le mégalodon, qui vivait entre -20 et -2 millions d'années, il mesurait 18 m de long. Voici sa mâchoire !*

# INDEX DES ANIMAUX CITÉS

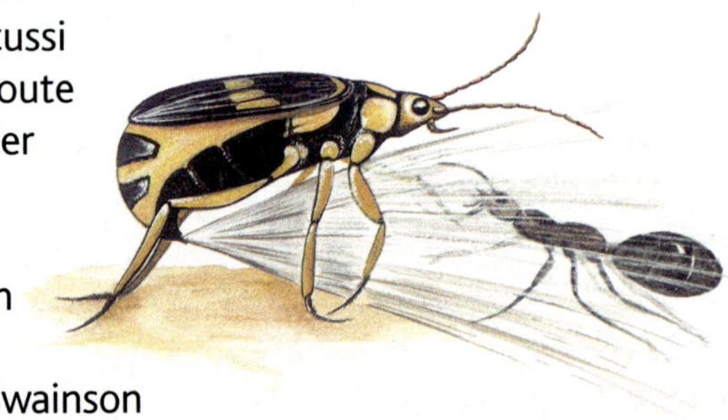

## Q



## R

## S

## CRÉDIT PHOTO

**Couverture :**
Éléphant : DENIS-HUOT/JACANA ; sauterelle : P. DE OLIVEIRA/OSF/BIOS ; colonne gauche, de haut en bas : W. LAYER/JACANA ; B. BONNAL/COLIBRI ; R. HERMANN/OSF/BIOS ; K. WARD/CORBIS ; KLEIN-HUBERT/BIOS ; W. CHANG/OSF/BIOS ; W. SLOSS/JACANA/NPL ; R. CAVIGNAUX/BIOS ; H. & J. ERICKSEN/JACANA/NPL ; B. MORANDI/JACANA ; H. AUSLOOS/JACANA/HOA-QUI ; P. OXFORD/JACANA/NPL ; quatrième de couverture : M. HARVEY/BIOS.

**JACANA**
J. FREUND/NPL : p. 5 et17 (b), p. 24 (hg), 69 (hd), 80 (hd), 86 (d-1), 140 (mg), 163 (hg), 181 (bg) ; L. M. STONE : p. 8-9 ; L. M. STONE/NPL : p. 130 (bd), 164 (hg) ; MORALES/HOA-QUI : p.10-11 ; A. SHAH/NPL : p. 12 (d), 25 (bd), 27 (bd et hd), 97 (bc), 114 (g), 115 (md), 157 (bd) ; A. SHAH : p. 34 (h), 71 (hd), 106 (h), 165 (bd) ; B. DAVIDSON/NPL : p.13 (hg), 18 (hg), 73 (hg et hg, médaillon) ; PHOTO RESEARCHERS : p.13 (hd) ; F. POELKING/HOA-QUI : p.14 (hd) ; G. ZIESLER : p.15 (mg) ; M. DANEGGER : p. 15 (bg et bd) ; H. CHAUMETON : p. 16 (h) ; H. CHAUMETON/NPL : p. 92 (hg) ; W. LAYER : p. 16 (bg), 25 (hd), 155 (mg) ; E. DELLA FERRERA/NPL : p. 19 (h) ; P. BOURSEILLER : p. 20 (bg), 128 (hd) ; J. FOOTT/NPL : p. 21 (h), 62 (bg) ; D. KJAER/NPL : p. 23 (bg), 137 (md), 138 (bd) ; XI ZHI NONG/NPL : p. 23 (hd) ; H. & J. ERIKCSEN/NPL : p. 24 (bg), 45 (hg, médaillon); S. CORDIER : p.26 (mg), 82 (bg) ; T. HEALD/NPL : p. 27 (mg), 127 (mg) ; M. HILL/AGE PHOTOSTOCKS/HOA-QUI : p. 27 (md) ; VARIN-VISAGE : p. 27 (bg), 28 (h) ; J. CANCALOSI : p. 28 (bg), 103 (b), 110 (bd), 120 (bd), 140 (hd), 143 (bg) ; J. CANCALOSI/NPL : p.85 (hg), 126 (hd), 129 (bg), 180 (hd) ; D. WATTS/NPL : p. 29 (md), 61 (bg), 83 (hd), 101 (bg), 156 (bg) ; E. POTT : p. 29 (bg) ; Y. LANCEAU : p. 30 (hg) ; T. MARTIN/NPL : p. 30 (bg), 56 (hg) ; DOC WHITE/NPL p. 30 (md), 48 (b), 119 (hg, médaillon) ; M. RUGNER/AGE PHOTOSTOCK/HOA-QUI : p. 31 (hd) ; N. WU : p.33 (hd), 49 (bd et mg) ; J. DOWNER PRODUCTIONS/NPL : p. 36 (hg et hd), 37 (hg), 64-65, 102 (bg) ; PREMAPHOTOS/NPL : p. 37 (hd), 130 (hg), 133 (hg) ; PREMAPHOTOS : 132 (d) ; J. VENUS/NPL : p. 38-39 ; D. ALLAN/NPL : p. 40 (bd), 77 (hd) ; D. ALLAN : p. 78 (hg) ; B. LUNDBERG/NPL : p. 41 (b) ; K. SCHAFER/ZEFA : p. 42 (b) ; K. SCHAFER : p. 69 (hg) ; PYA : p.44 (bd) ; M. MCDONALD/NPL : p. 44 (mg), 83 (hg), 141 (hg) ; J.-L. DUBOIS : p. 45 (hg, grande photo) ; E. DRAGESCO : p. 47 (bg) ; P. PRIGENT : p. 50 (hd) ; P. LORNE : p. 54 (m, détouré) ; M. DOHRN/NPL : p. 54 (bd et bd, médaillon), 73 (bg) ; J.-P. HERCY : p. 55 (mg) ; F. WINNER : p. 55 (mg, médaillon) ; J.-P. CHAMPROUX : p. 55 (hm) ; P. OXFORD/NPL : p. 57 (hd), 61 (bd), 77 (hg), 83 (bg), 96 (hd), 112 (md), 113 (hg), 118 (bg), 136 (bg), 144-145 ; W. OSBORN/NPL : p. 58 (bd) ; T. BREHM/NPL : p. 58 (h, détouré) ; G. NEUMANN-DENZAU/NPL : p.61 (hg) ; T. WALKER : p. 62 (hg) ; H. WILLAMO/NATURBILD : p. 62 (bd) ; B. LIGHTFOOT/NPL : p. 63 (hd), 126 (hg) ; D. NIGEL : p. 63 (bg), 85 (hd) ; W. SLOSS/NPL : p. 66 (hg) ; N. MARVEN/NPL : p. 66 (bd), 180 (hg) ; T. VEZO/NPL : p. 67 (bd) ; H. AUSLOOS/HOA-QUI : p. 67 (h) ; E.A. JANES/HOA-QUI : p. 67 (mg) ; K. GUERMOUD : p. 68 (md) ; N. BEAN/NPL : p. 71 (bg) ; S. KAUFMAN : p. 72 (bg) ; P. LILJA : p. 72 (hg) ; I. ARNDT/NPL : p. 73 (md, médaillon), 136 (bg, médaillon) 139 (bd) ; ZEFA-MEYERS : p. 76 (mg) ; O. NEWMAN/NPL : P. 76 (hd) ; F. LIVERANI/NPL : p. 79 (mc), 86 (d-4) ; LOCKWOOD & DATTATRI/NPL : p. 79 (bg) ; J. B. RUIZ/NPL : p. 80 (hg et bg), 111 (md), 131 (bd) ; K. DRAGESCO : p. 84 (bd) ; M. WILKES/NPL : p. 87 (bd-médaillon), 101 (bd), 102 (bd) ; D. NILL/NPL : p. 88 (bg), 111 (bc) ; A. KUBACSI : p. 92 (colonne de droite) ; A. LOPEZ : p. 93 (d), 136 (hd) ; P. JOHNSON/NPL : p. 97 (bd) ; C. D'HOTEL : p. 97 (md) ; H. C. KAPPEL : p. 99 (hg), 141 (hd) ; H. C. KAPPEL/NPL : p. 124 (hd et bd) ; T.-J. RICH : p. 99 (bg), 137 (bg) ; C. & M. MOITON : p. 100 (hg) ; A. SEALE : p. 101 (hg) ; J. GRITZ : p. 104-105 ; MOMATIUK-EASTCOTT : p. 108 (g) ; M. TUTTLE/PHR : p. 109 (d) ; R. JUURINEN/NPL : p. 115 (hd) ; R. DU TOIT/NPL : p. 74-75, 121 (bg) ; P. DE WILDE : p. 121 (bd), 140 (bg) ; B. CASTELEIN/NPL : p. 122 (bg), 125 (bg) ; J. CLARE/NPL : p. 122 (hd) ; T. DEVAKUL : p. 122 (hg) ; R. O'CONNOR/NPL : p. 125 (bd) ; P. WILD : p. 125 (hd) ; M. GABRIEL/NPL : p. 127 (hg) ; C. PETRINOS/NPL : p. 127 (hd), 137 (bg), 143 (hg) ; A. ROSENFELD : p. 131 (hd) ; H. BREHM/NPL : p. 131 (bg) ; D. SHALE/NPL : p 133 (bd) ; S. D. MILLER/NPL : p. 138 (hg), 142 (md) ; L. TANGRE : 139 (hg) ; M. ROCHA/J. DOWNER/NPL : p. 141 (bg) ; J. PITCHER : p. 141 (bd) ; K. UNNO-ORION : p. 142 (bg) ; A. FUCHS : p. 147 (h) ; B. MORANDI : p. 148 (mg) ; S. KING/NPL : p. 149 (mg) ; A. BIDARD : p. 150 (hd) ; E. BACCEGA : p. 151 (bg) ; A. BACCHELLA : p. 151 (hd), 154 (bg), 155 (hg), FRÉDÉRIC : p. 152 (g) ; J. JOANNET : p. 153 (bg) ; F. LUKASSECK : p. 153 (bd) ; D. CAUCHOIX : p. 154 (hg) ; DURANDAL : p. 154 (hd) ; D. TIPLING/NPL : p. 156 (bd) ; G. MCCARTHY/NPL : p. 159 (hc) ; C. PRESTON/NPL : p. 160 (hg) ; D. WECHSLER/NPL : p. 181 (hg).



**BIOS/PHONE**
KLEIN/HUBERT : p. 3 (bd) et 33 (md), p. 12 (g), 33 (bg), 35 (b), 41 (h), 47 (h), 56 (hd), 97 (bg), 109 (g), 149 (bd), 151 (bd), 155 (md et bd), 158 (bd) ; F. SAVIGNY p. 13 (bg), 32 (bg) ; S. HILL/P. ARNOLD : p. 14 (g) ; R. SEITRE : p .14 (bd), 20 (md), 40 (mg), 46 (bg, fond), 47 (bd), 48 (md), 50 (mg) ; J.-P. SARTHOU : p. 15 (h) ; MONTFORD : p. 17 (hd) ; M. GUNTHER : p. 17 (hg) et 189 (bg), 45 (bg), 120 (bg) ; G. MERMET : p. 19 (mg) ; D. FLEETHAM/OSF : p. 20 (h), 37 (bg) ; Y. LEFÈVRE : p. 21 (mg), 69 (bg) ; M. TIBBLES-SAL/OSF : p. 22 (hd) ; J. THOUZEAU : p. 22 (bd) ; R. TYRRELL/OSF : p. 22 (hg) ; J.-P. FERRERO/PHONE : p. 23 (hg) ; J.-P. FERRERO/AUSCAPE : p. 68 (mg) ; J.-P. FERRERO/J.-M. LABAT : p. 70 (md) ; J.-P. THERON : p. 24 (md) ; J.-M. PREVOT : p. 26 (hd), 82 (hd) ; W. MEIZER/P. ARNOLD : p. 26 (bd) ; G. LOPEZ : p. 28 (md) ; X. EICHAKER : p. 29 (hd), 93 (bg), 129 (hd) ; B. FISCHER : p. 29 (hg) ; D. ELLINGER/FOTONATURA : p. 29 (bd) ; R. HERMANN/OSF : p. 31 (b) ; H. HALL/OSF : p. 31 (hg), 68 (bd) ; P. DE OLIVEIRA/OSF : p. 32 (hd et bd) ; M. & C. DENIS-HUOT : p. 34 (bd), 111 (hd), 113 (bc et bd) ; GAYO : p. 34 (bg) ; M. HARVEY : p. 35 (h), 82 (hg), 98 (b) ; C. RUOSO : p. 35 (m), 95 (hg), 101 (hd), 158 (g) ; C. RUOSO/ABC : p. 79 (md) ; OSF/OSF : p. 37 (bm), 81 (bg) ; G. MARTIN : p. 40 (hd), 88 (hd) ; F. BRUEMMER : p. 43 (m et bg) ; D. HEUCLIN : p. 44 (hd), p. 50 (bd), 51 (b), 54 (hd), 55 (hd), 69 (md), 86 (d-2 et d-3), 95 (bcg et bd), 117 (hd) ; M. HILL/OSF : p. 45 (md) ; J. DOWNER/ OSF : p. 46 (bg, oies) ; P. ALLARD/WILDLIFE : p. 46 (hd) ; N. WU : p. 49 (hd) ; N. WU/P. ARNOLD : p. 80 (md) ; C. TESTU : p. 51 (hg) ; P. BAYLE : p. 51 (md) ; A. VISAGE/PHONE : p. 52-53 ; J.-L. LE MOIGNE : p. 54 (mg) ; D. JESKE : p. 55 (bd) ; C. BROMHALL/OSF : p. 56 (b), p. 92 (bg) ; F. MORDEL : p. 57 (bg) ; M. KAGE/OSF : p. 57 (mg), p. 161 (bg) ; B. BORRELL : p. 57 (bd) ; T. MANGELSEN/P. ARNOLD : p. 59 (h, détouré) et 191 ; M. HAMBLIN/OSF : p. 71 (bd) ; A. BEIGNET : p. 73 (hd) ; J.-C. VINCENT : p. 79 (hd) ; F. GOHIER : p. 80 (bd) ; P. KOBEH : p. 81 (hd), 84 (hd), 114 (bd) ; C. GAUTIER : p. 81 (hg) ; T. BURNETT & K. PALMER/VISUAL & WRITTEN : p. 81 (bd) ; C. PHILLIP/VISUAL & WRITTEN : p. 82 (bd) ; R. KUITER/OSF : p. 84 (bg) ; T. ALLOFS : p. 85 (bg), 120 (h), 121 (hd), 137 (hd) ; J.-P. DELOBELLE : p. 87 (hg et bg) ; M. DUQUET : p. 87 (bd) ; J.-P. SYLVESTRE : p. 89 (mg), 171 (hg) ;

J.-L. & F. ZIEGLER : p. 89 (hg), 157 (hg) ; B. MARIELLE : p. 93 (hg) ; F. BAVENDAM : p. 94 (hg), 128 (bg), 143 (md) ; S. KURIBAYASHI/OSF : p. 94 (b) ; A. COMPOST : p. 94 (bg, médaillon) ; R. PUILLANDRE : p. 95 (hc) ; R. MITTERMEIER : p. 95 (bcd) ; G. MCCARTHY/OSF : p. 96 (b) ; G. SOURY/OSF : p. 97 (hd) ; B. COLE : p. 99 (mg), 128 (bd) ; B. LUNDBERG : p. 100 (bg) ; L. CONCHON : p. 102 (hd) ; M. POWLES/OSF : p. 107 (hg) ; TAVERNIER/NAUSICAA : p. 107 (mg) ; A. CALEGARI/PANDA P : p. 107 (md) ; P. DANNA : p. 107 (bg) ; F. SCHNEIDERMEYER/OSF : p. 108 (d) ; R. CAVIGNAUX : p. 110 (hg), 156 (hd) ; J. VAN ARKEL/FOTONATURA : p. 111 (bg) ; MULLER : p. 111 (bd) ; D. NILL : p. 112 (hg) ; J.-J. ALKALAY : p. 112 (bg) ; S. OSOLINSKI/OSF : p. 113 (hd) ; A. MAYWAL/FOTONATURA : p. 113 (md) ; F. NEVOIT/PHONE : p. 114 (hd) ; M. BIRKHEAD/OSF : p. 115 (hg), p. 161 (hd) ; T. JACKSON/OSF : p. 116-117 ; K. ATKINSON : p. 119 (b) ; J.-C. WOMBEY/PHONE : p. 129 (md) ; K. GOWLETT-HOLMES/OSF : p. 135 (h) ; D. FOX/OSF : p. 137 (hg) ; M. WEBSTER : p.138 (md) ; W. CHANG : p. 143 (hg) ; J. SIERRA/PHONE : p. 148 (hg) ; GRENET-SOUMILLARD/PHONE : p.152 (hd) ; FERRERO/PHONE : p. 153 (md) ; ROCHER/PHONE : p. 153 (hc, médaillon) ; AMOS/P. ARNOLD : p. 155 (hd) ; J.-M. LABAT/P.ROCHER : p. 156 (hg) ; P. ROCHER : p. 156 (mg) ; E. LETELLIER : p. 157 (hd) ; C. THIRIET : p. 159 (hd et bg) ; M.-C. THOUVENIN : p. 159 (mg) ; H. TAYLOR/OSF : p. 160 (bg) ; D. VAN DE ROSTYNE : p. 163 (b) ; WWF AUSTRALIAN INFO-SERVICE : p. 178 (bd) ; A. ROOT/OSF : p. 180 (bg).

**CORBIS**
C. HAAGNER/GALLO IMAGES : p. 15 (md) ; W. P. CONWAY : p. 27 (hg), 83 (hc), 123 (bd) ; J. MCDONALD : p. 31 (mg), 70 (bg), 77 (bg), 97 (hg), 143 (bd), 158 (hd) ; M. HARVEY : p. 58 (bg), 98 (h), 100 (hd) ; G. D. LEPP : p. 58 (mg) ; F. LANE PICTURE AGENCY : p. 59 (h) ; P. JOHNSON : p. 59 (bg) ; E. & D. HOSKING : p. 60 (bg) ; S. KAUFMAN : p. 63 (mg), 124 (bg) ; G. MCCARTHY : p. 63 (bd) ; B. LONDON : p. 66 (bg) ; K. WARD : p. 70 (hg), 79 (hg), 147 (m) ; L. KENNEDY : p. 70 (hd), 166-167, 169 (hd) ; B. A. VIKANDER : p. 71 (hg) ; B. MAYS : p. 72 (bd), 129 (mg) ; J. SMITH : p. 72 (md) ; A. BANNISTER : p. 72 (hd), 132 (g) ; T. BRAKEFIELD : p. 78 (bd), 162 (bg) ; J. L. ROTMAN : p. 85 (bd), 86 (mg), 181 (bd et hd) ; S. FRINK : p. 86 (bg), 126 (bg), 127 (bd) ; C. DRUETT : p. 86 (d-5), 95 (hd) ; M. & P. FOGDEN : p. 87 (bc) ; M. S. YAMASHITA : p. 89 (bg) ; T. BEAN : p. 89 (bd), 168 (hd); N. J. DENNIS/GALLO IMAGES : p. 90-91 ; A. NACHOUM : p. 103 (hd), 107 (bd), 119 (hd) ; F. POLKING/F. LANE PICTURE AGENCY : p. 107 (hc et hd) ; D. ROBERT & L. FRANZ : p. 111 (hg) ; R. WILMHURST : p. 115 (bc) ; A. HODALIC : p. 123 (mg) ; R. TIDMANN : p. 123 (md) ; P. A. SOUDERS : p. 123 (bg) ; G. ROWELL : p. 124 (hg) ; R. LYNN : p. 125 (mg) ; H. BERAL : p. 128 (mg) ; L. MELER/APL : p. 142 (hg) ; BETTMANN : p. 148 (md) ; Y. ARTHUS-BERTRAND : p. 150 (bg), 151 (hg), 152 (bd) ; R. PICKETT : p. 156 (hd, médaillon) ; T. YOUNG : p. 161 (md) ; D. VO TRUNG : p. 162 (hd), 173 (bd) ; M. GARANGER : p. 162 (hg) ; D. JONES : p. 163 (hd) ; J. CRAIGMYLE : p. 164 (bg) ; S. LISS : p. 165 (bg) ; CLOUDS HILL IMAGING : p. 168 (mg) ; J. L. AMOS : p. 175 (bg) ; S. JOAO/SYGMA : p. 180 (m).

**COLIBRI**
B. BONNAL : p. 58 (hd), 126 (bd) ; A.-M. LOUBSENS : p. 59 (bd) ; D. ALET : p. 60 (hg) ; J.-L. PAUMARD : p. 77 (bd), 95 (bg), 121 (hg) ; N. VANNEYRE : p. 84 (hg) ; P. RICARD : p. 88 (md), 134 (b) ; C. BARANGER : p. 95 (md), 127 (bg) ; B. BARANGER : p. 134 (m) ; B. TAURAN : p. 96 (hg) ; A. LABAT : p. 131 (hg) ; G. FLEURY : p. 133 (bg) ; A. ROUSSEL : p. 134 (h) ; A. & J. VISAGE : p. 135 (bg) ; G. ZAPPA : p. 139 (hd) ; J. DELPECH : p.142 (hd).

**D. CHAUVET/MILAN** : p.18 (d et bg), 19 (d).



**Ministère de la Culture et de la Communication/Direction régionale des affaires culturelles de Rhône-Alpes/Service régional de l'archéologie** : p. 147 (b).

**F. CHEHU/OPTIPRESS** : p. 153 (hg).

**A. ROSENFELD** : p. 165 (hd).

## CRÉDIT ILLUSTRATIONS

Toutes les illustrations sont de **Christophe BESSE** sauf :

Illustrations **Laurence BAR**
P. 21 (b), 23 (mg), 24 (hd) et 184 (g), 25 (hg), 36 (b), 39 (bd), 42 (h) et 186 (d), 60 (hd), 62 (mg), 76 (b), 83 (bd), 87 (hd), 94 (hd), 103 (m), 106 (b), 110 (hd), 118 (h), 123 (hd), 130 (hd) et 182 (d), 133 (hd), 139 (bg), 146 (bg), 146 (bd) et 185 (d), 149 (hd), p. 161 (hg et mg), 164 (bd), 164 (hd) et 183 (g), 168 (bg), 169 (hg, md, bd et bg), 170 (g et bd), 172 (hg), 172-173 (b), 173 (m), 174 (h et b), 175 (h),176 (h), 177 (h et b), 178 (mg et hd), 179 (h et bd), 179 (bg) et 186 (g).

Illustrations **Anne EYDOUX**
P. 170-171 (h), 171 (bg), 173 (h), 172 (hd), 175 (bd), 176 (b).